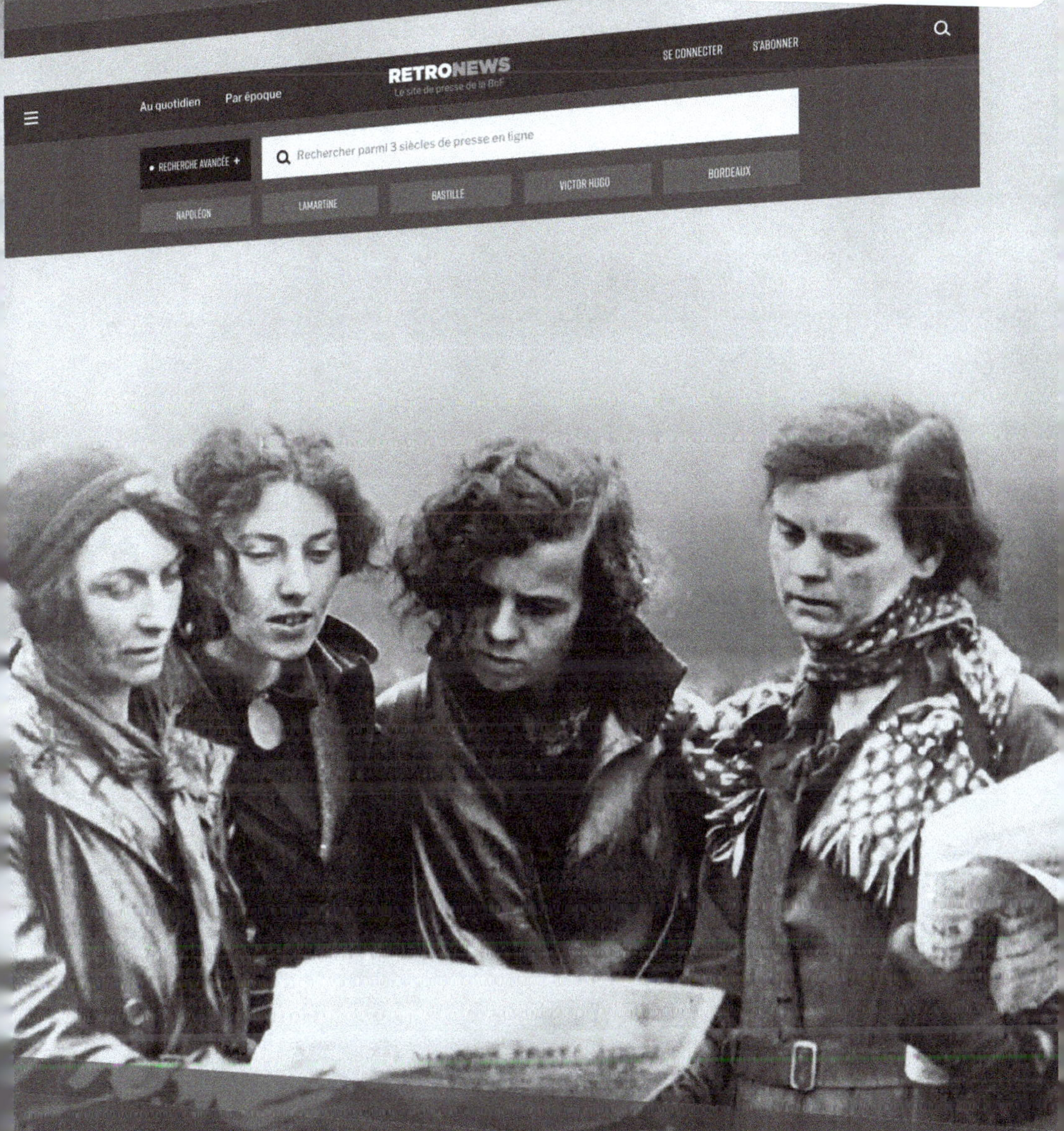

ALMANACH PARISIEN

POUR 1863

PAR

F. DESNOYERS

Prix : 50 cent.

PARIS
EUGÈNE PICK, DE L'ISÈRE, ÉDITEUR
5, rue du Pont-de-Lodi

ALMANACH
PARISIEN

4e ANNÉE — 1863

PAR

FERNAND DESNOYERS

AVEC

ARSÈNE HOUSSAYE, CHARLES BAUDELAIRE,
CHARLES MONSELET, DURANTY, EMILE DE LA BÉDOLLIÈRE,
LORÉDAN LARCHEY, J. F. VAUDIN, A. DE LASALLE
CASTAGNARY, DONDEY-DUPRÉ, BENJAMIN GASTINEAU, GUICHARDET,
ED. PLOUVIER, DEBILLEMONT, F. MAILLARD, POTHEY,
E. GLORIEUX ET ALBERT GLATIGNY.

VIGNETTES PAR

VERDEIL, MARIANI, FRANÇAIS, DUPENDANT, ETC.

PRIX : 50 CENT.

PARIS
EUGÈNE PICK, DE L'ISÈRE, ÉDITEUR
5, RUE DU PONT-DE-LODI, 5

1863

FÊTES DES ENVIRONS DE PARIS

1863

Alfort, 2e dim. de juillet. — Arcueil, le dim. après la St-Denis. — Argenteuil, à la St-Jean. — Asnières, 17 septembre. — Auteuil, 5 août et le dim. suiv. — Bagnolet, 1er dim. de septembre. — Bellevue-sous-Meudon, 15 et 16 août. — Belleville, à la Saint-Jean. — Bercy, le dim. après le 8 août. — Bondy, lundi de Pâques. — Boulogne, 1er et 2e dim. de juillet. — Bourg-la-Reine, 1er dim. après le 24 juin. — Charenton, le 2e dim. de juillet. — St-Maurice, dernier dim. de septembre. — Charonne, 10 août. — Chaville, 15 août. — Choisy-le-Roy, dim. après la Saint-Louis (5 jours). — Clichy, le dim. après le 8 juin. — Colombes, 4 juillet. — Corbeil, 20 mai. — Courbevoie, 1er dim. d'août. — Créteil, 1er juillet. — Fleury-sous-Meudon, dernier dim. de juillet et 1er dim. d'août. — Fontenay-sous-Bois, 1er dim. d'août. — Fontenay-aux-Roses, dim. après le 16 juillet. — Gentilly, 2e dim. de mai. — Gonesse, jour de la Pentecôte. — Ile St-Denis, dim. après la St-Jean. — Issy, 1er dim. d'août. — Ivry (à la Gare), 1er dim. d'août. — Jouy, 1er dim. après le 7 août. — Les Loges, 1er dim. de septembre (5 jours). — Longjumeau, 24 juin. — Marly, dim. après le 25 août. — Ménilmontant, 1er dim. d'août. — Mennecy, 4 juillet. — Meudon, 2e dim. après le 4 juillet. — Montlhéry, 29 septembre. — Montmartre, 4 juillet. — Montparnasse, près la barrière du Maine, 15 août. — Montmorency, 25 juillet. — Montreuil-sous-Bois, dim. après la Saint-Pierre. — Montrouge, 28 juillet. — Nanterre, dernier dim. de mai; le 6 juin, cour. de la rosière. — Neuilly-sur-Seine, dim. avant et après la Saint-Jean. — Nogent, jour de la Pentecôte. — Pantin, 2e dim. d'août. — Passy, 1er dim. de mai. — Pecq (Le), 1er dim. d'août. — Pont-Saint-Maur, dim. après la Saint-Laurent. — Prés-Saint-Gervais, 1er dim. d'août. — Petite-Villette (La), 1er août. — Puteaux, 1er dim. après la St-Louis. — Romainville, 1er dim. d'août. — Rueil, à la St-Jean. — Saint-Cloud, 7 septembre (15 jours). — Saint-Germain-en-Laye, 28 mai. — Saint-Mandé, dim. après la Saint-Pierre. — Saint-Ouen, 25 août. — Sceaux, à la Saint-Jean. — Sèvres, dim. après la Saint-Jean. — Suresnes, cour. de la rosière, 15 août, 1er dim. après la Saint-Louis. — Vanves, 3e dim. d'oct. — Vaugirard, les 20 et 27 septembre. — Versailles, 1er mai, 25 août et 2 octobre. — Ville-d'Avray, près Saint-Cloud, 15 juin. — Villette (La), dim., lundi et mardi après la Sainte-Madeleine. — Vincennes, dim. après le 15 août.

NOTA. Les fêtes qui tombent les jours de la semaine sont remises au dimanche.

AVIS EXCEPTIONNEL

Belles lectrices et spirituels lecteurs de l'ALMANACH PARISIEN,

Du fond des noirs et fantastiques Ardennes, je vous adresse ce petit avis pour vous prouver que je pense toujours à vous et que si les hasards des affaires m'entraînent souvent des monts Pyrénéens aux frontières d'Allemagne et de toutes les capitales aux moindres hameaux de la France, je ne néglige rien pour vous satisfaire. Seulement je date mes innovations et mes ordres de Reims, Rocroy, Bordeaux, Strasbourg, Lyon, Dunkerque, Plouguernevel, Metz, Nice et d'autres lieux, excepté de l'éternel Paris. — Cette année encore, la quatrième de l'ALMANACH PARISIEN, vous trouverez dans ce recueil mille faits intéressants, curieux, poétiques et pittoresques, illustrés par les excellents artistes dont les noms figurent sur la couverture. Si, profitant de mes départs précipités, un rédacteur avait glissé quelque indiscrétion à moi personnelle, qu'il en soit seul responsable devant vous!

EUGÈNE PICK, DE L'ISÈRE.

Charleville, hôtel du *Grand-Turc*.

Deuxième avis. — La librairie comme le théâtre a ses coulisses. La première représentation du drame est souvent retardée par des indispositions *indispensables*. L'éditeur, qui est le directeur de l'édition, veut révéler un détail qui ne peut être indifférent que pour les *truffards*. — La majorité de nos lecteurs comprendra. Au moment de lever la toile, pour éviter toute espèce d'indisposition *indispensable* de ces messieurs ou empêchement *utile* de ces dames, nous avons envoyé au satirique Simon Raçon la dépêche télégraphique suivante :

Plus de cause de retard!
Suppression des ficelles!!
Anéantissement des balançoires typographiques!!!
Clôture définitive des envois de copie et d'annonces!!!!
Tirage d'urgence et de rigueur!!!!!

Deux cent mille Parisiens attendent — qu'on frappe les trois coups!

E. P.

SOMMAIRE DU CALENDRIER POUR 1863

Ères et époques

POUR 1863.

Année de la période Julienne. 6576
Depuis la première Olympiade d'Iphitus jusqu'en juillet. 2639
De la fondation de Rome selon Varron (mars). 2616
De l'époque de Nabonassar depuis février.. 2610
De la naissance de Jésus-Christ. 1863
L'année 1279 des Turcs commence le 29 juin 1862 et finit le 17 juin 1863.

Comput ecclésiastique.

Nombre d'or.	2	Indiction romaine.	6
Épacte.	XI	Lettre dominicale.	D
Cycle solaire.	24		

Quatre-Temps.

Les 25, 27 et 28 février.	Les 16, 18 et 19 septembre.
Les 27, 29 et 30 mai.	Les 16, 18 et 19 décembre.

Fêtes mobiles.

La Septuagésime. . .	1er février.	La PENTECOTE.	24 mai.
Les Cendres.	18 février.	*La Trinité*.	31 mai.
PAQUES.	5 avril.	La Fête-Dieu.	4 juin.
Les Rogations. . 11, 12 et 13 mai.		*L'Avent*.	29 nov.
L'ASCENSION.	14 mai.		

Saisons.

Le Printemps commencera le 21 mars, à 2 h. 41 m. du matin.
L'Été commencera le 21 juin, à 11 h. 13 m. du soir.
L'Automne commencera le 23 septembre, à 1 h. 27 m. du soir.
L'Hiver commencera le 22 décembre, à 7 h. 17 m. du matin.

Éclipses.

Le 17 mai, Éclipse partielle de soleil, visible à Paris.
Le 1er juin, Éclipse totale de lune, visible à Paris.
Le 10 novembre, Éclipse annulaire de soleil, invisible à Paris.
Le 24 novembre, Éclipse partielle de lune, en partie visible à Paris.

JANVIER 1863			FÉVRIER.			MARS.		
Les jours croissent de 1 heure 6 minutes.			Les jours croissent de 1 heure 37 minutes.			Les jours croissent de 1 heure 51 minutes.		
j	1	CIRCONCISION.	D	1	*Septuagésime.*	D	1	*Reminiscere.*
v	2	s. Basile, év.	l	2	PURIFICATION.	l	2	s. Simplice.
s	3	ste Geneviève.	m	3	s. Blaise.	m	3	ste Cunég.
D	4	s. Rigobert.	m	4	s. Gilbert.	m	4	s. Casimir.
l	5	s. Siméon	j	5	ste Agathe.	j	5	s. Drausin.
m	6	ÉPIPHANIE.	v	6	s. Vaast.	v	6	ste Colette.
m	7	s. Théaul.	s	7	s. Romuald.	s	7	s. Thomas.
j	8	s. Lucien, év.	D	8	*Sexagésime.*	D	8	*Oculi.*
v	9	s. Furcy.	l	9	ste Apolline.	l	9	ste Françoise.
s	10	s. Paul, erm.	m	10	ste Scholast.	m	10	s. Taraise.
D	11	s. Théodore.	m	11	s. Séverin.	m	11	40 Martyrs.
l	12	s. Arcade, M.	j	12	ste Eulalie.	j	12	s. Pol, év.
m	13	Bapt. de J. C.	v	13	s. Lézin.	v	13	ste Euphrasie.
m	14	s. Hilaire, év.	s	14	s. Valentin.	s	14	s. Lubin.
j	15	s. Maur, ab.	D	15	*Quinquagésime.*	D	15	*Lætare.*
v	16	s. Guillaume.	l	16	s. Onésime.	l	16	s. Cyriaque.
s	17	s. Antoine, ab.	m	17	*Mardi gras.*	m	17	s. Abraham.
D	18	Ch. s. P. à R.	m	18	CENDRES.	m	18	s. Alexandre.
l	19	s. Sulpice.	j	19	s. Gabriel.	j	19	s. Joseph.
m	20	s. Sébastien.	v	20	s. Eucher.	v	20	s. Joachim.
m	21	ste Agnès, v. m.	s	21	s. Pepin.	s	21	s. Benoît.
j	22	s. Vincent.	D	22	*Quadragésime.*	D	22	PASSION.
v	23	s. Ildefonse.	l	23	ste Isabelle.	l	23	s. Victor.
s	24	s. Babylas, év.	m	24	s. Matthias.	m	24	s. Gabriel.
D	25	Conv. s. Paul.	m	25	*Quatre-Temps.*	m	25	ANNONCIATION.
l	26	ste Paule.	j	26	s. Alexis.	j	26	s. Ludger, év.
m	27	ste Julienne.	v	27	s. Léandre.	v	27	s. Rupert, év.
m	28	s. Charlemagne.	s	28	s. Romain.	s	28	s. Gontran.
j	29	s. Franç. de S.				D	29	RAMEAUX.
v	30	ste Bathilde.				l	30	Rieule.
s	31	s. Pierre, n.				m	31	s. Gui.

JANVIER	FÉVRIER	MARS
P. L. le 5, à 3 h. 42 m. du matin.	P. L. le 3, à 10 h. 34 m. du soir.	P. L. le 5, à 2 h. 55 m. du soir.
D. Q. le 13, à 0 h. 16 m. du matin.	D. Q. le 11, à 0 h. 56 m. du matin.	D. Q. le 12, à 7 h. 5 m. du soir.
N. L. le 19, à 4 h. 11 m. du soir.	N. L. le 18, à 3 h. 16 m. du matin.	N. L. le 19, à 7 h. 46 m. du soir.
P. Q. le 26, à 5 h. 3 m. du soir.	P. Q. le 25, à 0 h. 43 m. du soir.	P. Q. le 27, à 9 h. 7 m. du matin.

		AVRIL.			MAI.			JUIN.
		Les jours croissent de 1 heure 40 minutes.			Les jours croissent de 1 heure 18 minutes.			Les jours croissent de 20 minutes.
m	1	s. Hugues.	v	1	s. Philippe.	l	1	s. Thierri.
j	2	s. Fr. de P.	s	2	s. Athanase.	m	2	s. Pothin.
v	3	*Vendredi saint.*	D	3	Inv. ste Croix.	m	3	ste Clotilde.
s	4	s. Elphage.	l	4	ste Monique.	j	4	FÊTE-DIEU.
D	5	PAQUES.	m	5	Conv. s. Aug.	v	5	s. Boniface.
l	6	s. Prudent.	m	6	s. Jean P. L.	s	6	s. Claude, év.
m	7	s. Hégésippe.	j	7	s. Stanislas.	D	7	s. Primo.
m	8	s. Edèze.	v	8	s. Désiré, év.	l	8	s. Paul.
j	9	ste Marie Eg.	s	9	s. Grégoire.	m	9	s. Médard.
v	10	ste Azélie.	D	10	s. Gordien.	m	10	s. Landri.
s	11	s. Jules.	l	11	*Rogations.*	j	11	s. Barnabé.
D	12	QUASIMODO.	m	12	s. Porphyr.	v	12	s. Basilide.
l	13	s. Lubin.	m	13	s. Servais.	s	13	s. Ant. de P.
m	14	s. Justin.	j	14	ASCENSION.	D	14	s. Rufin.
m	15	s. Paterne.	v	15	ste Delphine.	l	15	s. Modeste.
j	16	s. Fructueux.	s	16	s. Honoré.	m	16	s. Fargeau.
v	17	s. Anicet.	D	17	s. Pascal.	m	17	s. Avit.
s	18	s. Parfait.	l	18	s. Eric.	j	18	ste Marine.
D	19	s. Léon, P.	m	19	s. Yves.	v	19	s. Gervais.
l	20	s. Anselme.	m	20	s. Bernard.	s	20	s. Silvère.
m	21	ste Ildegonde.	j	21	ste Virginie.	D	21	s. Leufroi, ab.
m	22	ste Opportune.	v	22	ste Julie.	l	22	s. Paulin.
j	23	s. Georges.	s	23	s. Didier, *v. j.*	m	23	s. Félix.
v	24	s. Robert.	D	24	PENTECOTE.	m	24	Nat. s. J.-Bapt.
s	25	s. Marc, abs.	l	25	s. Urbain.	j	25	s. Prosper.
D	26	s. Clet, P.	m	26	s. Adolphe.	v	26	s. Babolein.
l	27	s. Anthime.	m	27	s. Hildev. *Q. T.*	s	27	s. Crescent.
m	28	s. Polycarpe.	j	28	s. Germain.	D	28	s. Irénée.
m	29	s. Vital.	v	29	s. Maximilien.	l	29	s. Pierre s. Paul.
j	30	s. Eutrope.	s	30	ste Emilie.	m	30	Com. s. Paul.
			D	31	TRINITÉ.			

Avril.
- P. L. le 4, à 4 h. 18 m. du matin.
- D. Q. le 11, à 1 h. 32 m. du matin.
- N. L. le 18, à 3 h. 14 m. du matin.
- P. Q. le 26, à 4 h. 17 m. du matin.

Mai.
- P. L. le 3, à 3 h. 1 m. du soir.
- D. Q. le 10, à 7 h. 25 m. du matin.
- N. L. le 17, à 4 h. 58 m. du soir.
- P. Q. le 25, à 8 h. 56 m. du soir.

Juin.
- P. L. le 1, à 11 h. 39 m. du soir.
- D. Q. le 8, à 2 h. 1 m. du soir.
- N. L. le 16, à 7 h. 46 m. du matin.
- P. Q. le 24, à 10 h. 41 m. du matin.

JUILLET.			AOUT.			SEPTEMBRE.		
Les jours diminuent de 1 heure.			Les jours diminuent de 1 heure 38 minutes.			Les jours diminuent de 2 heures 4 minutes.		
m	1	s. Martial.	s	1	s. Pierre ès L.	m	1	s. Leu, s. Gilles.
j	2	VISITATION N. D.	D	2	s. Etienne, P.	m	2	s. Lazare.
v	3	s. Anatole.	l	3	Inv. s. Etienne.	j	3	s. Grégoire.
s	4	Tr. s. Martin.	m	4	s. Dominique.	v	4	s[te] Rosalie.
D	5	s[te] Zoé, m.	m	5	s. Yon.	s	5	s. Bertin, ab.
l	6	s. Tranquillin.	j	6	Transfig. J. C.	D	6	s. Onésiphore.
m	7	s[te] Aubierge.	v	7	s. Gaëtan.	l	7	s. Cloud, Pr.
m	8	s[te] Priscille.	s	8	s. Justin, m.	m	8	NATIVITÉ N. D.
j	9	s[te] Véronique.	D	9	s. Spire, v.	m	9	s. Omer, év.
v	10	s[te] Félicité.	l	10	s. Laurent, év.	j	10	s[te] Pulchérie.
s	11	Tr. s. Benoît.	m	11	Susc. de la s[te] C.	v	11	s. Patient.
D	12	s. Gualbert.	m	12	s[te] Claire.	s	12	s. Cerdot.
l	13	s. Turiaf.	j	13	s. Hippolyte.	D	13	s. Aimé.
m	14	s. Bonaventure.	v	14	*Vigile-jeûne.*	l	14	Exal. s[te] Croix.
m	15	s. Henri, emp.	s	15	ASSOMPTION.	m	15	s. Nicodème.
j	16	N. D. du M. C.	D	16	s. Roch.	m	16	s. Cyprien. *Q. T.*
v	17	s. Alexis.	l	17	s. Mamert.	j	17	s. Lambert.
s	18	s. Clair.	m	18	s[te] Hélène, imp.	v	18	s. Jean Ch.
D	19	s. Vincent de P.	m	19	s. Louis, év.	s	19	s. Janvier.
l	20	s[te] Marguerite.	j	20	s. Bernard, ab.	D	20	s. Eustache.
m	21	s. Victor, m.	v	21	s. Privat, év.	l	21	s. Matthieu.
m	22	s[te] Madeleine.	s	22	s. Symphorien.	m	22	s. Maurice.
j	23	s. Apollinaire.	D	23	s. Sidoine.	m	23	s[te] Thècle, v.
v	24	s[te] Christine.	l	24	s. Barthélemy.	j	24	s. Andoche.
s	25	s. Jacques le M.	m	25	s. Louis, roi.	v	25	s. Firmin.
D	26	Tr. s. Marcel.	m	26	s. Zéphirin.	s	26	s[te] Justine, v.
l	27	s. Pantaléon.	j	27	s. Césaire, év.	D	27	s. Côme, s. Da.
m	28	s[te] Anne.	v	28	s. Augustin.	l	28	s. Céran, év.
m	29	s[te] Marthe.	s	29	Déc. de s. J. B.	m	29	s. Michel, Arch.
j	30	s. Abdon.	D	30	s. Fiacre.	m	30	s. Jérôme.
v	31	s. Germain l'A.	l	31	s. Ovide.			

Juillet.
- P. L. le 1, à 6 h. 55 m. du matin.
- D. Q. le 7, à 10 h. 38 m. du soir.
- N. L. le 15, à 11 h. 3 m. du soir.
- P. Q. le 23, à 9 h. 42 m. du soir.
- L. Q. le 30, à 1 h. 42 m. du soir.

Août.
- D. Q. le 6, à 10 h. 15 m. du matin.
- N. L. le 14, à 2 h. 12 m. du soir.
- P. Q. le 22, à 6 h. 29 m. du matin.
- P. L. le 28, à 9 h. 4 m. du soir.

Septembre.
- D. Q. le 5, à 1 h. 18 m. du matin.
- N. L. le 13, à 4 h. 51 m. du matin.
- P. Q. le 20, à 1 h. 42 m. du soir.
- P. L. le 27, à 6 h. 11 m. du matin.

OCTOBRE.

Les jours diminuent de 1 heure 4 minutes.

j	1	s. Rémy, év.
v	2	ss. Anges Gard.
s	3	s. Denis, ar.
D	4	s. Franç. d'Ass.
l	5	ste Aure, v.
m	6	s. Bruno.
m	7	s. Serge.
j	8	ste Thaïs.
v	9	s. Denis, év.
s	10	s. Géréon.
D	11	s. Venant.
l	12	s. Vilfrid.
m	13	s. Edouard.
m	14	s. Calixte, pape
j	15	ste Thérèse, v.
v	16	s. Léopold.
s	17	s. Cerbonet.
D	18	s. Luc, évang.
l	19	s. Savinien.
m	20	s. Sendou.
m	21	ste Ursule.
j	22	s. Mellon, év.
v	23	s. Hilarion.
s	24	s. Magloire.
D	25	s. Crep., s. Cr.
l	26	s. Rustique.
m	27	s. Frumence.
m	28	s. Simon, s. J.
j	29	s. Faron, év.
v	30	s. Lucain.
	31	*Vigile-jeûne.*

D. Q. le 4, à 7 h. 31 m. du soir.
N. L. le 12, à 6 h. 51 m. du soir.
P. Q. le 19, à 8 h. 15 m. du soir.
P. L. le 26, à 6 h. 5 m. du soir.

NOVEMBRE.

Les jours diminuent de 1 heure 21 minutes.

D	1	TOUSSAINT.
l	2	Trépassés.
m	3	s. Marcel, év.
m	4	s. Charles B.
j	5	ste Berthilde.
v	6	s. Léonard.
s	7	s. Willebrod.
D	8	stes Reliques.
l	9	s. Mathurin.
m	10	s. Léon.
m	11	s. Martin, év.
j	12	s. René, év.
v	13	s. Brice, év.
s	14	s. Achille.
D	15	ste Eugénie.
l	16	s. Eucher.
m	17	s. Agnan, év.
m	18	ste Aude, v.
j	19	ste Elisabeth.
v	20	s. Edmond, R.
s	21	Présent. N. D.
D	22	ste Cécile.
l	23	s. Clément.
m	24	ste Cécile.
m	25	ste Catherine.
j	26	ste Genev. d'A.
v	27	s. Sosthène.
s	28	s. Séverin.
D	29	s. Saturnin. *Av.*
l	30	s. André.

D. Q. le 3, à 3 h. 43 m. du soir.
N. L. le 11, à 8 h. 9 m. du matin.
P. Q. le 18, à 3 h. 14 m. du matin.
P. L. le 25, à 9 h. 11 m. du matin.

DÉCEMBRE.

Les jours diminuent de 16 minutes.

m	1	s. Eloi, év.
m	2	s. Franç.-Xav.
j	3	s. Miracle.
v	4	ste Barbe.
s	5	s. Sabas, ab.
D	6	s. Nicolas, év.
l	7	ste Fare, v.
m	8	Concep. N. D.
m	9	ste Léocadie.
j	10	ste Valère, v.
v	11	s. Fuscien.
s	12	s. Damas.
D	13	ste Luce, v., m.
l	14	s. Nicaise.
m	15	s. Mesmin.
m	16	*Quatre-Temps.*
j	17	ste Olympe.
v	18	s. Gratien.
s	19	s. Meurice.
D	20	ste Philogone.
l	21	s. Thomas, ap.
m	22	s. Honorat.
m	23	ste Victoire.
j	24	*Vigile-Jeûne.*
v	25	NOEL.
s	26	s. Etienne.
D	27	s. Jean, évang.
l	28	ss. Innocents.
m	29	s. Thomas de C.
m	30	ste Colombe.
j	31	s. Sylvestre.

D. Q. le 3, à 0 h. 25 m. du soir.
N. L. le 10, à 8 h. 33 m. du soir.
P. Q. le 17, à 11 h. 55 m. du matin.
P. L. le 25, à 3 h. 0 m. du matin.

LETTRE A EUGENE PICK DE L'ISÈRE

ÉDITEUR

DE L'ALMANACH PARISIEN

Mon cher Pick,

Depuis quelque temps, j'ai complètement renoncé à vous voir. Vous êtes l'homme le plus partout et le plus nulle part qu'on puisse ou qu'on ne puisse pas rencontrer. Comme Cagliostro, qui se faisait voir à la cour de Vienne et à la cour de Versailles en même temps, vous êtes à la fois dans vos bureaux de la rue du Pont-de-Lodi, dictant cinq lettres ensemble à vos commis, et dans les Ardennes, lançant des voyageurs improvisés par vous sur les villes et les hameaux qui regorgent de vos publications. — La France deviendra votre librairie, si cela continue. — Vous êtes — bien plus que le chevalier de Boufflers, — l'homme à qui l'on pourrait dire sur une grande route : *Je suis charmé de vous rencontrer chez vous.* Ce qui n'empêche pas que vous êtes toujours à Paris à l'heure du courrier; mais alors il faudrait être fou pour espérer pouvoir vous dire un mot. La nuit vous êtes en wagon, le matin vous êtes dans les Alpes, toute la journée vous êtes... en France, partout comme le *solitaire* du vicomte d'Arlincourt; quant au soir, outre vos expéditions, vous

EUGÈNE PICK

avez à faire et à défaire vos malles. Vous n'avez que le temps bien juste de vous occuper de vos arrivées et de vos départs.

Je me suis donc décidé à ne pas vous consulter pour publier dans notre almanach une partie d'une petite étude sur vous. Votre individualité m'a toujours paru tellement prononcée, que depuis longtemps j'avais résolu de la crayonner. Je vous ai dessiné, en effet, charbonné même, et quelques gens, qui ressemblent à tout le monde, ont vu dans ce croquis d'un type vraiment original, une charge à l'arsenic, une caricature empoisonnée, venimeuse, qui vous aurait infailliblement perdu. Moi qui n'aurais voulu que vous faire plaisir, ainsi qu'à nos lecteurs, en vous profilant sur une feuille d'album, *je me serais entendu*, comme au tribunal, déclarer coupable de trahison, et comme tel, auteur de tous les maux qui auraient pu s'ensuivre et fondre sur votre tête. — Par d'autres considérations qui vous sont uniquement personnelles, j'ai renoncé à imprimer la petite étude en litige; cependant j'ai pris sur moi d'en extraire le passage que vous allez lire, orné de votre portrait dessiné et gravé par l'habile artiste Verdeil, notre ami.

Voilà ce que je vous fais dire de vous-même, moi l'ayant sténographié cent fois dans ma mémoire :

« Je suis le *Gil Blas* de la librairie. Il n'est pas un métier auquel je n'aie touché. Mon père était un soldat de la grande armée. Il n'était pas riche et avait beaucoup d'enfants. Un soir d'hiver, après le chétif repas, toute la famille cerclait les rares flammes du grand foyer. Le vent assiégeait de rafales russes la pauvre chaumière du vieux militaire. Tout d'un coup, la porte s'ouvre, et un homme enveloppé dans un grand manteau entre avec l'ouragan! C'était un oncle que nous n'avions jamais vu. Quel est celui de vous qui veut venir avec moi? dit-il. Je l'emmène à l'instant. Moi! criai-je, en me levant. Son ton résolu et énergique, son air fantastique m'avaient magnétisé. Le peu de fortune de mes parents, pour qui j'étais une charge de plus, m'avait décidé. Quelque temps après, j'étais au siége d'Anvers, j'avais huit ans. Puis je fus apprenti bijoutier à Paris, page de la reine d'Étioles, maître d'hôtel à Lyon, voyageur partout. J'ai vendu des oranges sur le boulevard. J'ai appris la déclamation et le chant. Je ne savais pas encore quelle était ma vocation. Enfin je la sentis. Je me fis libraire-éditeur, sans l'aide de personne, sans argent même, et c'est avec une simple brochure, la *Biographie de Louis-Napoléon, président de la République*, qu'à force de volonté je parvins à faire imprimer, que j'ai commencé; cela a été la première pierre de la maison, du monument que j'ai élevé. Je l'ai placée moi-même, cette brochure, dans toute la France, formant et lançant sur le territoire, plus tard, six cents voyageurs pour me remplacer quand je n'avais plus le temps de voyager moi-même. Voilà comment fut fondée ma Librairie. Broyant les haines, dédaignant les monstrueuses ingratitudes, les médiocrités jalouses armées sur mon passage, pour m'ouvrir un chemin à travers les choses et les hommes, j'ai renversé les préjugés toujours debout surtout en certaines gens qui prétendent les détruire; j'ai ouvert mes portes à de faux bons hommes *lettrés et illettrés*, et déjoué d'ignobles projets; j'ai fait grâce à des voleurs qui m'ont volé de mieux en mieux. Je suis fatigué, mais non découragé de faire le bien. Un jour je conterai ma vie en détail, et je crois qu'elle fourmille assez d'aventures et de bonnes leçons pour intéresser les *vrais amis du peuple*. Je montrerai comment, à force de volonté et de courage, ne trouvant d'aide nulle part, aidant ma famille au contraire à laquelle je ne voulais rien devoir, je montrerai, dis-je, à tous ces beaux fils qui tètent jusqu'à vingt ans du grec et du latin, et ne deviennent jamais rien, comment on se fait homme!... »

Et maintenant, mon cher Pick, prenez ma tête si je vous parais criminel, car je dois vous avouer que tout le reste de l'esquisse est aussi vénéneux. A moins que votre modestie ne soit plus inflexible que le président Zangiacomi, il n'y a pas de quoi vous fâcher, n'est-ce pas?

Tout à vous,

FERNAND DESNOYERS.

PETITS POÈMES

LE PRISME

J'habite un singulier pavillon, un belvédère à sept pans, à sept fenêtres bariolées de carreaux de sept couleurs et de sept fois sept couleurs.

Je l'habite!... du moins j'y suis prisonnier.

Je ne sais sur quel sol il est bâti, ni dans quel pays, ou à quelle hauteur! Car par aucune de mes sept fenêtres je n'ai jamais vu deux fois la même chose.

Rien n'est stable, rien n'est fixe dans ce qui m'entoure. Je suis enfermé dans un kaléidoscope. Je ne possède point mes richesses : elles disparaissent aussitôt apparues. Mon supplice égale ma félicité. Je n'ai le temps ni d'espérer ni de désespérer. Je suis seigneur de mirages, propriétaire d'images et d'apparences qui m'attirent de tous les coins et me renvoient de l'un à l'autre comme une boule. La satiété, le désir, la stupidité, la profondeur, le calme, le trouble passent si vite sur moi, que je les sens à peine et les puis nier.

Je n'ai rien à moi. L'envie de la liberté ne me vient point : je ne saurais où mettre le pied sur mes domaines illusoires et changeants. Dans cette universelle mobilité, je change moi-même à chaque seconde, ne sachant plus ce que je suis et si je suis, car je ne puis mesurer à rien mon propre être... Oh si! je puis le mesurer à ma prison. Or ce pavillon c'est le prisme, et moi je suis le poëte.

. . .

ABSINTHE

C'était dans un café! La lumière intense faisait de chaque face un joyeux lampion, et une vie frénétique semblait agiter joueurs, buveurs, parleurs. Une odeur pénétrante et une vapeur doucement verte circulaient autour de chaque personne, les billards roulaient tout seuls leurs billes, et les verres sonnaient d'eux-mêmes avec de longues vibrations.

C'était le plus tendre, le plus gai, le plus lumineux des aspects.

Une joie triomphale transportait tout le monde.

Le plancher se mouilla tout à coup d'un bout à l'autre comme s'il suintait. Un instant après, on y vit onduler presque insensiblement une surface liquide, épaisse de quelques lignes, et l'odeur aromatique, le parfum ang-

DUPENDANT

monta. Une marée d'absinthe montait à travers les fibres et les fissures du plancher !

En une seconde, elle s'éleva, comme mue par un truc de théâtre, jusqu'aux genoux des gens. Ce fut un ravissement général. Elle leur monta jusqu'aux épaules. Nul qui ne sentît un frisson voluptueux d'être baigné dans cette eau huileuse. Lorsqu'elle arriva près des lèvres, un hourra la salua. Il n'était plus besoin de verres. On buvait sans se donner de peine, sans bouger. Suprême plaisir !

Et même cela l'empêcha un moment de monter plus haut, partout elle roulait dans les bouches ouvertes, avec le bruit des torrents dans les gouffres. Néanmoins, elle monta plus haut que les lèvres. On se haussa sur la pointe du pied, mais la marée dépassa encore les lèvres. Alors on se mit à nager, et quels rires! que de plaisanteries contre la sotte marée : on serait toujours au-dessus d'elle !

Mais elle monta jusqu'au gaz, emportant les têtes des plaisants près du plafond. Elle noya le gaz, les ténèbres tombèrent comme une plaque de plomb.

Le silence se fit, et le clapotement léger, velouté de cette onde chanta sa mélodie. Puis un grand rire saisit les nageurs; mais soudain, l'absinthe continuant son flux rapide, ils se cognèrent tous rudement la tête contre le plafond, et commencèrent à crier et *à la trouver mauvaise.*

Néanmoins une voix railleuse de Gaulois, plein de gaieté dans toutes les circonstances de la vie, appela : « Garçon, des allumettes ! » et avec un nouveau rire d'angoisse, tous répétèrent la farce.

Chacun alluma une petite lueur frêle et vacillante, et ils se virent tous, verts comme des cadavres. Les petites lueurs s'éteignirent, et chacun se mit à hurler pour son compte personnel, en se débattant contre l'étouffement.

L'absinthe remplit la salle. Une trappe s'ouvrit, et l'absinthe s'écoula entraînant un à un les corps dans l'égout.

VILAINES VISIONS

....La Mort glorieuse passa la première au milieu d'un tourbillon de fanfares et de bannières rouges, portée en triomphe par une foule ivre. Le rouge des bannières criait aussi fort que le cuivre des trompettes. Une immense clameur montait de cette foule comme un hourra de tonnerres. Les piétinements précipités de l'innombrable cortége faisaient partie de cette clameur puissante et prolongée, de cette clameur éternelle. Et les visages des gens, tout brillants de sueur et étincelant d'un rire enragé, semblaient avoir un son. Le sang avec des fleurs traînait comme une draperie de fête par derrière le cortége.

Ce bruit, cet éclat, la course ardente, la multitude qui s'écrasait, montraient toute la beauté de la gloire. Le tumulte saturait l'espace.

Après que la mort glorieuse eut ainsi passé, tout mouvement et tout son ne parurent plus être que langueur, dégoût et néant.

La Mort berceuse passa la seconde. Elle était toute seule, enveloppée d'un long manteau qui cachait sa face, et ses longues ailes agitaient à peine l'air. On ne les entendait pas, mais une fraîcheur légère et caressante s'élevait sous leur battement silencieux. Un parfum de bénédiction suivait sa trace, une pénétrante sensation de bonté et de protection s'exhalait des plis de son manteau doux comme une vapeur du matin en automne.

La vieille Mort ricaneuse et sarcastique, celle qui a une faux et un bagage de friperies comme un saltimbanque, vint ensuite, le poing sur la hanche et se dandinant d'un air vainqueur. Elle chantait une petite chanson entre ses mâchoires qui claquaient en guise d'accompagnement, et se démenait de toutes les façons pour se faire remarquer. Jamais elle n'avait tant *posé*.

Une bande de gamins la suivaient de loin en criant : *à la chienlit*, et venaient lui tirer de temps en temps la plume de son chapeau. Pour s'en débarrasser, quand ils devenaient trop audacieux, elle allongeait derrière elle un grand coup de faux qui n'attrapait personne, et ils se sauvaient en lui faisant un pied de nez.

Il en passa une quatrième. Elle était vêtue virginalement et paraissait en proie à l'extase somnambulique. Un gros médecin effrontément gai, couvert d'habits rouges galonnés, et la tête surmontée d'un casque à grand plumet, la magnétisait de toute sa force. Tous deux étaient plantés sur un cabriolet qui portait aussi un orgue et une grosse caisse. Alentour, un public, béat jusque dans sa défiance, courait, demandant les fioles que vendait le gros homme. Et par-dessus le marché, la somnambule disait la bonne aventure et elle avait une bouteille d'eau-de-vie dans sa poche. Et le gros charlatan égayait ses clients par de plats calembours de circonstance, en disant que ce n'était pas là de la petite bière.

L'arrivée de la cinquième fut précédée par un voile d'obscurité qui ne laissa subsister qu'une lueur verdâtre et incertaine profondément lugubre, une lueur pire que les ténèbres absolues. Alors un être, une forme, une chose hideuse et indescriptible arriva d'un bond, s'abattit, puis se releva à genoux, puis se redressa et se tordit pour retomber, et on entendait le hurlement d'une bête féroce et les os qui se brisaient, les vêtements qui se déchiraient, et cela roulait, se mordait, mugissait, terrifiait, comme une lutte de millions de tigres. C'était la Mort désespérée, la Mort prise de rage.

Il en passa encore quarante-quatre mille, mais cela finissait par devenir le plus ennuyeux des cauchemars.

DURANTY.

PRENONS-NOUS QUELQUE CHOSE?

Les vertus poussées à l'excès finissent par ressembler à des vices.

L'urbanité des Parisiens est justement vantée ; mais elle entraîne parfois des conséquences contre lesquelles il faut protester, parce qu'elles deviennent funestes à la santé et à la raison publique.

Deux individus, ouvriers, commerçants, employés, commis, voire même gens de lettres, se rencontrent sur les boulevards ou ailleurs, ils échangent quelques paroles; puis le passant qui les observe entend invariablement une de ces formules :

— Qu'est-ce que vous offrez?

— Est-ce que tu ne payes rien

— Voilà tout ce que tu payes?

Il fut un temps où chacun circulait librement dans Paris; trouvait-il en route un camarade, il lui donnait une poignée de main, causait un moment, et s'éloignait; mais la cordialité tend à prendre des allures tyranniques. Que lui importent les affaires ou les plaisirs? elle vous appréhende au corps, vous mène au cabaret le plus proche, et vous condamne aux libations forcées.

Soyez pressé, ayez un rendez-vous, craignez de manquer l'heure du repas ou du berger; alléguez, pour fuir au plus vite, les arguments les plus plausibles; l'impitoyable ami leur oppose ces mots : « Nous ne pouvons pourtant pas nous quitter comme ça! »

A côté de ce type d'homme généreux en est un autre tout contraire; c'est celui dont le refrain est : « Qu'est-ce que vous offrez? » Assez généralement ce dernier est homme d'affaires, courtier de commerce ou placier; c'est au café ou chez le marchand de vin, suivant la condition de ses clients, qu'il établit son bureau. Là seulement il a de l'élégance et de la lucidité, comme la Pythonisse sur le trépied. N'espérez pas le consulter dans la rue; dès la première explication, il vous interrompt en disant : « Entrons donc quelque part. » En somme, la moitié de Paris passe sa vie à régaler l'autre, ou à se faire régaler par l'autre. Dès l'aube on s'offre la goutte, on s'offre le canon, on s'offre le rhum, on s'offre l'absinthe ou le bitter, et l'on ne veut jamais *s'en aller sur une jambe*. Mieux vaudrait être millipèdes. Le soir, on s'offre des chopes, suivies de petits verres, pour *faire couler la bière*. Le temps est gaspillé à boire sans soif, et à s'introduire dans l'estomac des liquides délétères et abrutissants. Cette consommation effrénée est, dans certaines classes, inaugurée dès l'aube par des *tournées* de vin blanc, et il y a des gens qui en boivent régulièrement, chaque matin, cinq cinquièmes avant leur déjeuner.

Ils appellent cela *tuer le ver*.

C'est plutôt tuer l'homme.

ÉMILE DE LA BÉDOLLIÈRE.

GUICHARDET

Un homme spirituel et tout à fait Parisien, surtout la nuit, Guichardet, mort à la fin de l'année dernière, a inspiré à Charles Monselet, il y a quelques années, le portrait suivant :

Il importe que ce passant majestueux et souriant ne soit point oublié dans cette nomenclature des intelligences lettrées. Il importe que ce paresseux, que cet homme d'esprit, que ce derviche du boulevard des Italiens et du divan Lepelletier, soit salué dans son chemin par tous ceux qui reconnaissent en lui la grande famille de d'Hèle et d'Étienne Béquet. Il importe surtout qu'il ne soit ni blâmé ni plaint.

Guichardet, dont le nom se rattache à la fondation du *Siècle*, aux *Français peints par eux-mêmes*, au *Figaro*, aux *Beaux-Arts*, somptueuse revue qu'il dirigea seul, Guichardet est le roi de Thulé de la littérature contemporaine.

Il a jeté sa coupe d'or dans la mer, et, depuis ce temps, ses lèvres ne trempent plus que dans le gobelet banal des restaurants parisiens. Il ne prend de la vie que ce qu'elle a de clair et d'indépendant. Après quelques heures de marche, il a déposé sur la borne l'inutile bagage des passions. Croisant les bras, il n'a conservé que la sensation et l'humeur enjouée. Pourquoi irait-il quelque part? Pourquoi désirerait-il quelque chose? Il a vu la tuile de Pyrrhus et le rasoir de Chamfort. Égoïste? il ne l'est pas; car s'il faut un témoin dans un duel, un quatorzième dans un repas, Guichardet n'hésitera point et ne bronchera pas plus devant l'épée éblouissante que devant le chambertin couché sur l'affût d'un panier d'osier.

Guichardet a l'appétit et l'esprit. Avec ces deux ailes, on domine aisément le monde; on plane sur soi-même. On a la bonté, la séduction, la familiarité unie à la grandeur. On est l'égal de chacun. — Viveur élégant et splendide, Guichardet a frayé jadis avec Stendhal, avec Balzac, avec Ourliac, avec Harel, avec Lireux, avec Briffault, avec tous ceux qui ont interrogé la vie à bras-le-corps et qui ont attiré à eux le plus d'émotions. Il a été radieux, enchanteur et enchanté. De qui n'est-il pas connu et aimé? les peintres l'appellent mon oncle; les femmes le nomment Oscar. Il a un rire retentissant qui l'annonce du bas de tous les escaliers. Son geste est noble, sa démarche a de ces façons carrées et solennelles qui, au dix-huitième siècle, accompagnaient la basque dorée et supposaient inévitablement les bourses de vingt-cinq louis répandues par Germain dans les vastes profondeurs du gilet à sujets. L'œil est fin, quoique un peu rougi par les veilles; la main est prompte à saisir le menton des friponnes d'antichambre. Où soupera-t-il aujourd'hui? Hier il tenait table avec les deux Musset, ses intimes; ce matin il a souffleté quelques bouchons de champagne en compagnie de Roger de Beauvoir. Son couvert est mis tous les jours aux quatre coins littéraires de Paris. Chez Ledoyen il sait qu'il trouvera Roqueplan ou Texier; mais aux Provençaux Méry l'attend pour le faire collaborer de force à quelque paradoxale comédie, comme le *Mariage à l'essai*, par exemple, où Guichardet a jeté tant de mots charmants, de la même façon qu'on jette de l'aï sur les fraises. Avant de se décider, Guichardet entre au divan pour prendre l'absinthe. Heureux si l'absinthe ne lui fait pas oublier le rendez-vous avec Méry ou avec Bernard Lopez! Là encore tant d'amis l'entourent et lui font fête! tant de mains se tendent vers les siennes! tant de sourires vont au-devant de son sourire! Pourquoi quitterait-il le divan? Il ne le quittera pas ce soir encore,—et ce soir encore la vie s'écoulera pour lui comme elle s'écoule depuis quinze ans entre le cigare qu'on fume et le camarade qu'on écoute au milieu des éclats de voix, des saillies, des cornets de tric-trac, des bières brunes et blondes, de tout ce bruit et de toute cette gaieté qui n'ont l'air de rien et qui cependant, au bout de quinze ans, finissent par envelopper un homme comme une vapeur de chloroforme et par l'étouffer insensiblement.

Ce n'est pas qu'un regret ne se glisse quelquefois dans cette âme d'enfant et de sage. Appelé récemment au chevet d'un moribond, Guichardet mêlait ses pleurs sincères à un chœur d'amis navrés; cependant, en rôdant par la chambre, il aperçoit sur la cheminée un flacon de cognac égaré au milieu de diverses fioles pharmaceutiques; machinalement il le saisit, machinalement il s'empare d'un verre et d'un sucrier voisins, Guichardet apprête un grog. Autour de lui les lamentations se succèdent et s'élèvent, Guichardet est impassible, Guichardet est absorbé. Quelqu'un vient à lui frapper sur l'épaule en lui disant : « Hélas! — Hélas oui, répond Guichardet, j'ai toujours passé ma vie à faire des grogs trop faibles. »

Guichardet a peu de créanciers, très-peu, à peine ce qu'il faut pour faire figure dans le monde. Cela est le seul côté mesquin de sa nature. Il a un sentiment exagéré de la probité; on l'a vu, à trois heures du matin, frapper à la porte du tailleur Renard pour lui promettre le prochain acquittement de sa facture.

Il ne faut cependant pas venir se pendre indiscrètement à la sonnette de Guichardet. Non; Guichardet est intraitable sur l'article de son sommeil. Dans ce cas, à la personne qui insiste pour le voir, son portier a l'ordre de répondre ces deux mots homériques et mystérieux : « Monsieur compose! »

Ah! Rosambeau! ah! la Palférine! ah! Guichardet! piétineurs de sentiments et d'aspirations! grands destructeurs par l'inertie et le sourire! vivez et charmez; mais charmez en dehors de l'explication, vivez sur le seuil du rêve; ne vous montrez qu'à l'heure où nous nous désespérerons et où nous accusons le ciel! Paris, cette nouvelle Rome, devrait faire de vous des dieux, car vous avez l'œil qui étincelle, la bouche qui console, l'esprit qui foudroie.

Anéantissez le devoir aux jours des sanglots; faites le

repentir inutile, alors que le sacrifice a passé sur l'intérêt; élevez votre verre rempli jusqu'aux bords, lorsque ni les étoiles, ni les flots, ni la famille, ni les maîtresses, ni les sequins, ni les lauriers ne peuvent réussir à combler l'abîme hideux de notre âme !

CHARLES MONSELET.

SONNETS

RECUEILLEMENT

Sois sage, ô ma douleur, et tiens-toi plus tranquille.
Tu réclamais le Soir, il descend; le voici :
Une atmosphère obscure enveloppe la ville,
Aux uns portant la paix, aux autres le souci.

Pendant que des mortels la multitude vile,
Sous le fouet du Plaisir, ce bourreau sans merci,
Va cueillir des remords dans la fête servile,
Ma douleur, donne-moi la main; viens par ici,

Loin d'eux. Vois se pencher les défuntes Années,
Sur les balcons du ciel, en robes surannées;
Surgir du fond des eaux le Regret souriant;

Le Soleil moribond s'endormir sous une arche,
Et, comme un long linceul traînant à l'Orient,
Entends, ma chère, entends la douce Nuit qui marche.

LE COUCHER DU SOLEIL ROMANTIQUE

Que le Soleil est beau quand tout frais il se lève,
Comme une explosion nous lançant son bonjour!
— Heureux encor celui qui peut avec amour
Saluer son coucher plus glorieux qu'un rêve!

Je me souviens!... J'ai vu tout, fleur, source, sillon,
Se pâmer sous son œil comme un cœur qui palpite...
— Courons vers l'horizon, il est tard, courons vite,
Pour attraper au moins un oblique rayon!

Mais je poursuis en vain le Dieu qui se retire;
L'irrésistible Nuit établit son empire,
Noire, humide, funeste et pleine de frissons;

Une odeur de tombeau dans les ténèbres nage,
Et mon pied peureux froisse, au bord du marécage,
Des crapauds imprévus et de froids limaçons.

Charles BAUDELAIRE.

PROFIL PRIS AU CAFÉ ANGLAIS

Georges est devenu le Machiavel de l'amour. Il a la science de se faire aimer par toutes les coquetteries d'un Lauzun. Il ne recherche jamais les femmes, même quand il les aime; il les fuit par un jeu très-savant, ne perdant jamais de vue cette vérité, qu'une femme n'ouvre la main que pour saisir ce qu'elle n'a pas. Il a un soir, entre deux vins et entre deux femmes, réhabilité Joseph fuyant la femme de Putiphar, affirmant qu'il avait lu dans les textes sacrés que Joseph n'avait fui la femme de Putiphar que pour devenir plus maître de lui et plus maître d'elle. En amour, quand c'est la passion et non le désœuvrement qui réunit un homme et une femme, c'est la première étreinte qui donne le sceptre à l'un ou à l'autre. C'est celui des deux qui aime le moins et qui fait semblant d'aimer le plus qui écrit les lois; l'autre a beau dire et beau faire, il obéit lâchement jusqu'au jour où il brûle le sceptre sur la place de la Bastille, — jusqu'au jour où il va se jeter tête perdue dans une autre passion, pour la vengeance de toutes ses servitudes. C'est la comédie des ricochets. Que de femmes subiront demain par contre-coup toutes les douleurs qu'elles ont causées hier !

Georges a commencé par beaucoup souffrir, parce qu'il a beaucoup aimé. Il finit par se venger beaucoup et par paraphraser ainsi le verset de l'Écriture : « Il lui sera beaucoup pardonné, parce qu'elle a beaucoup souffert. » Comme il a le cœur près des lèvres, il lui arrive pourtant encore çà et là de se laisser reprendre à ces chaînes d'épines toutes fleuries de roses qui déchirent et qui enivrent. Mais il a la force de rompre la chaîne en soulevant le masque de la femme.

Ainsi parle Georges avec mépris. Lui, du moins, il lâche la bride à ses passions sans s'inquiéter des ravins et des précipices. Il peut redire ce mot d'un Athénien à un Spartiate : « Respectez mes vices, car ils sont plus grands que vos vertus. » Georges prend en pitié les jeunes gens du siècle Ruolz qui croient imiter les marquis du siècle d'or.

« J'ai soulevé vos masques, leur dit-il ; vous faites semblant de danser une bacchanale dans le carnaval de la vie comme si vous dansiez sur un volcan, mais vous dansez sur un tombeau quelque ronde funèbre inventée par des croque-morts ; vos chevaux de race ne sont que des chevaux de corbillard ; chaque fois que vous croyez aller à un jardin, vous allez à un enterrement. Vous ne savez dépenser ni votre cœur ni votre argent. Vous mourez riches, mais vous avez vécu pauvres. »

Georges a commencé par manger l'argent qu'il avait, il finit par manger l'argent qu'il n'a pas. Beaucoup de jeunes gens mangent l'argent qu'ils n'ont pas, mais en gardant pour les mauvais jours l'argent qu'ils ont. On les croit depuis longtemps ruinés, mais, de même qu'il y a de faux riches, il y a de faux pauvres. Que j'en ai vu qui en public, devant leurs amis et leurs maîtresses, psalmodiaient les noms de leurs créanciers comme une litanie, et qui, rentrés chez eux, comptaient leurs sous et leurs deniers en se moquant de ceux qui ne comptaient pas!

Quoique Georges ait à peine semé autour de lui cent mille écus en quelques années, comme il est heureux au jeu et heureux en amour — cela s'est vu souvent — comme il ne donne pas à demi, mais à pleines mains; comme son luxe est le luxe d'un artiste en toutes choses, il passe parmi *ces dames* pour le millionnaire le plus extravagant et le plus adorable de sa génération. Il faut dire que s'il manque çà et là d'argent comptant, il ne manque jamais d'esprit. Comme madame de Maintenon à la table du cul-de-jatte, il fait oublier le rôti par une histoire galamment contée. Le grand art dans sa jeunesse, c'est de donner toujours, quelle que soit la monnaie, qu'elle vienne de la bourse, ou du cœur, ou de l'esprit. Je ne sais pas une femme qui ne se passionne pour un homme qui a toujours quelque chose à donner, quelque chose à faire ou quelque chose à dire.

ARSÈNE HOUSSAYE.

GRANDE CONSOLATION

Du haut de la butte Montmartre,
Un jour je contemplais Paris
Envahissant, grand chancre gris,
Les champs, les parcs. — « Voici la dartre! »
Disaient les arbres rabougris.

Et ces derniers troncs héroïques,
Refoulés par les moellons,
Croisaient leurs branchages étiques,
Où tournoyaient les aquilons,
Contre les pierres et les briques.

Je voyais s'approcher toujours
Les maisons, les flèches, les dômes
Que des rayons remplis d'atomes
Incendiaient, — les toits, les tours:
J'entendais au loin leurs pas lourds.

Des tuyaux et des cheminées
Semblait sortir le râle sourd
Que font les infâmes menées
Des exploiteurs de destinées,
Juifs d'argent et juives d'amour.

Je me disais : « Tout est notaire
« Ici-bas, — ou marchand, et l'Art
« Sans qu'on s'en doute peut se taire.
« Les architectes ont la terre
« Le Poëte vit par hasard.

« Il meurt pendant toute sa vie.
« Quand il a mis son âme en vers,
« Surgissent des critiques verts,
« Des pédants, enflés par l'envie,
« Qui lisent le livre à l'envers.

« Encore si la bourgeoisie,
« Si ces profils faits au charbon,
« Ne parlaient pas de poésie;
« Mais non, il leur prend fantaisie
« De trouver parfois un vers bon !

« Faites sauter votre pensée
« Comme l'on ferait son cerveau;
« Un monsieur à bouche pincée,
« Des bourgeois reliés en veau,
« Jugent l'œuvre aux Dieux adressée ! »

Et je faisais bondir mes vers
De la montagne sur la ville :
Mais le vin a calmé mes nerfs.
O vers qu'on a vécus, soufferts,
Laissez, laissez monsieur tranquille !

Les côtes de Beaune et de Nuits
M'apparaissent pendant les nuits.
Le soleil, joueur comme un faune,
Aime les raisins; — je le suis
Aux côtes de Nuits et de Beaune.

Fernand DESNOYERS.

L'AMANT DES MORTES

BALLADE

Enfants, disait un bon vieillard
Dans une histoire que j'ai lue,
Quand on rencontre un corbillard,
On le salue.

Les cimetières sont remplis.
Le monde des spectres augmente :
Le vent dans leurs funèbres lits,
Sous les noirs cyprès, les tourmente.
Les uns sont couchés sans remords,
Les autres rêvent de leurs crimes,
Et, dans leurs entrailles de morts,
Entendent les cris des victimes.

Enfants, disait un bon vieillard
Dans une histoire que j'ai lue,
Quand on rencontre un corbillard,
On le salue.

Des familles sur des tombeaux
Jettent la fleur ou la couronne.
Il en est d'humbles et de beaux
Qui ne sont fleuris par personne.
Les eaux, les neiges des hivers,
Imprégnant lentement l'argile,

Vont mouiller les cadavres verts.
Un mort n'est pas même tranquille!

Enfants, disait un bon vieillard
Dans une histoire que j'ai lue,
Quand on rencontre un corbillard,
On le salue.

On exhume les morts; parfois
On ne trouve dans la poussière
Que des ossements et du bois,
Ou, s'il est temps, toute la bière.
Mais qu'une paroi du cercueil
Se détache : une tête passe
Et regarde d'un trou sans œil
Le fossoyeur qui hurle : Grâce!...

Enfants, disait un bon vieillard
Dans une histoire que j'ai lue,
Quand on rencontre un corbillard,
On le salue.

Il est un funèbre amoureux,
On l'appelle l'*Amant des mortes*.
Aimé d'elles, pour être heureux,
Il escalade murs et portes.
Suivi de la lune, la nuit,
De ses doigts crispés il déterre
Ses maîtresses, et les séduit
Par son amour plein de mystère.

Enfants, disait un bon vieillard
Dans une histoire que j'ai lue,
Quand on rencontre un corbillard,
On le salue.

Avec quel abandon lascif
Ces pâles visages de cire
Tendent au baiser le plus vif
Leurs cous d'albâtre, sans rien dire.
Seul avec la mort, cet amant,
Entre les bras des trépassées
Qu'il dérobe aux vers un moment,
Meurt d'amour sur leurs chairs glacées!.....

Enfants, disait un bon vieillard
Dans une histoire que j'ai lue,
Quand on rencontre un corbillard,
On le salue.

F. D.

DIMANCHE

C'est dimanche aujourd'hui, Loulou,
Allons courir la pretantaine.
A nous les bois, à nous la plaine,
Puisqu'ils ne coûtent pas un sou!

Es-tu jolie en robe blanche!
Qu'il te va bien ce casaquin!
Pour être aussi beau que dimanche,
Moi, je m'habille de nankin.

C'est dimanche aujourd'hui, Loulou,
Allons courir la pretantaine.
A nous les bois, à nous la plaine,
Puisqu'ils ne coûtent pas un sou!

Promenons-nous dans les campagnes,
Comme les boutons d'or mêlés
Aux pâquerettes leurs compagnes,
Partout ruisselle l'or des blés!

C'est dimanche aujourd'hui, Loulou,
Allons courir la pretantaine.
A nous les bois, à nous la plaine,
Puisqu'ils ne coûtent pas un sou!

Si le soleil nous met en nage,
Dans ces prés qu'embaume le foin,
Dans la forêt du voisinage
Nous serons au frais sans témoin.

C'est dimanche aujourd'hui, Loulou,
Allons courir la pretantaine.
A nous les bois, à nous la plaine,
Puisqu'ils ne coûtent pas un sou!

Mettons-nous à table sur l'herbe.
Ce petit bleu me paraît bon.
Je t'aime, il fait un temps superbe,
Et nous possédons du jambon!

C'est dimanche aujourd'hui, Loulou,
Allons courir la pretantaine.
A nous les bois, à nous la plaine,
Puisqu'ils ne coûtent pas un sou!

Sous les feuilles cherchons la fraise ;
Hâtons-nous, c'est demain lundi.
Cueillons, mangeons tout à notre aise,
La forêt nous fera crédit.

C'est dimanche aujourd'hui, Loulou,
Allons courir la pretantaine.
A nous les bois, à nous la plaine,
Puisqu'ils ne coûtent pas un sou !

Entends-tu danser le village ?
Les airs du vieux ménétrier
Passent à travers le feuillage ;
Nous pouvons danser sans payer !

C'est dimanche aujourd'hui, Loulou,
Allons courir la pretantaine.
A nous les bois, à nous la plaine,
Puisqu'ils ne coûtent pas un sou !

Il faudrait nous remettre en route,
Mais comment faire sans argent ?
Pour nous qui n'avons pas la goutte,
Le clair de lune est engageant !...

C'est dimanche aujourd'hui, Loulou,
Allons courir la pretantaine.
A nous les bois, à nous la plaine,
Puisqu'ils ne coûtent pas un sou !

F. D.

1850.

HALÉVY

Le monde artistique vient de faire une perte extrêmement douloureuse. Cette perte, grande aujourd'hui, semblera immense demain; car Halévy a plus encore à attendre de la postérité qu'il ne reçut de son glorieux passé. Il en sera toujours ainsi des riches organisations dont la séve, comme chez le chêne plantureux, monte lentement aux extrêmes rameaux, mais pour vivifier plus longtemps son abondant feuillage.

Halévy fut beaucoup discuté. Pris entre deux gloires déjà consacrées, — Rossini et Meyerbeer, — il eut à subir des comparaisons non fondées, et dont le discernement de l'histoire fera un jour bon marché. Halévy ne procédait pas plus de Meyerbeer qu'Hérold, devenu grand, ne procéda de Méhul ou de Boïeldieu. On peut affirmer, au contraire, qu'Halévy est le génie le plus original de toute l'école française, ce qui ne serait peut-être pas un grand compliment si Halévy n'était en même temps une réelle individualité, à quelque école qu'on le compare.

La forme mélodique et le sentiment harmonique d'Halévy sont des plus reconnaissables, et nous ne craignons pas d'affirmer que ceux d'entre les critiques qui ont voulu lui attribuer une affiliation avec Meyerbeer seraient les premiers à ne se pas méprendre en écoutant deux morceaux inconnus dus à la plume de ces grands maîtres.

Tous deux se sont élevés bien haut : l'un est plus épique, l'autre fut attendri; Meyerbeer est plus philosophe, plus profond penseur; il entrevoit d'abord une époque, et, dans son savant archaïsme, il reconstitue tout un pittoresque passé. —

Halévy, moins archéologue dans ses préoccupations productives, s'est attaché davantage à l'expression des sentiments individuels, et ici il n'eut pas d'égal. C'est en vain, à part le duo du quatrième acte des *Huguenots*, que l'on chercherait dans Meyerbeer des pensées aussi tendres, aussi émues que la cantilène que chante Rachel dans le trio du deuxième acte de la *Juive*. Où se trouve ailleurs que dans Halévy le charme pénétrant des mélodies de l'*Eclair*, des parties du rôle d'Odette dans Charles VI, et même de la romance de Rose-de-Mai dans le *Val d'Andorre?* Cette corde émue, qui serre le cœur jusqu'à ce que les larmes en viennent aux yeux, Halévy la possédait plus que quiconque. Nous disons tout cela, non pour amoindrir l'immense valeur de Meyerbeer, qui, au contraire, nous inspire la plus profonde admiration, mais pour essayer de démontrer que ce fut à tort que l'on essaya d'assimiler l'auteur de la *Juive* à l'auteur des *Huguenots*, et que même, si l'on voulait bien chercher la raison d'être de ces deux génies, il serait plus difficile de prouver l'extraction morale de Meyerbeer que celle d'Halévy. Halévy est mort d'une maladie de langueur. Ce cher maître en était revenu aux désenchantements de sa jeunesse. Comme il y a quarante ans, il voyait les portes des théâtres closes à peu près partout. A l'exception du Théâtre-Lyrique, qui aura donné un peu de joie à cette pauvre âme malade, que faisait depuis deux ans l'Opéra-Comique? Que faisait aussi l'Opéra? Les décors de la *Juive* étaient brûlés, on ne les remplaçait pas! Que devenait aussi la *Reine de Chypre?* La raison d'économie ne saurait ici être évoquée, car on est assez prodigue de peinture, à l'Académie impériale de musique, quand il s'agit d'honorer des inepties comme l'*Étoile de Messine*, ou... vous savez bien quoi. Ne valait-il pas mieux laisser de côté ces partitions de Saint-Flour, et conserver à notre première scène française deux de ses meilleurs chefs-d'œuvre? L'Opéra a pensé autrement à ce sujet, et encore lundi il a pensé autrement que tout le monde. M. Réty ne possède qu'un seul opéra d'Halévy: *Jaguarita*, et, malgré la situation précaire du Théâtre-Lyrique, la direction n'a pas hésité à mettre un crêpe sur son affiche. L'Opéra-Comique était plus engagé envers l'illustre mort; mais, l'eût-il été moins, nous ne craignons pas d'affirmer que M. E. Perrin se serait, quand même, associé à ce grand deuil artistique. L'Opéra, qui est sans contredit le théâtre où Halévy s'est le plus complétement manifesté, et qu'il a, pendant près de trente ans, soutenu de son génie avec Rossini et Meyerbeer, l'Opéra a joué lundi l'*Étoile de Messine* et la *Voix humaine*. Combien le public, s'il y en avait ce soir-là, a dû te regretter, cher maître, et combien ta grandeur a dû s'accroître! Comme tout change avec le temps! Jadis l'Opéra fit relâche à l'occasion des obsèques d'Habeneck, son chef d'orchestre: est-ce que, par hasard, on accorderait aujourd'hui moins d'importance à l'auteur d'un chef-d'œuvre qu'on n'en accorda jadis à son intelligent interprète? — La chose n'est pas vraisemblable. On se perdrait vainement, croyons-nous, à chercher le pourquoi d'une telle impiété artistique. Mais trêve d'aigreur et d'indignation; laissons l'Opéra et son école de danse. S'il continue ses folies chorégraphiques, l'Opéra tuera le Casino ou le Casino tuera l'Opéra, — nous avons bien envie de voter pour cette dernière supposition, — et revenons à notre cher mort.

Halévy avait soixante-trois ans. A vingt ans, il obtint le grand prix de composition musicale, — ce brevet de capacité tant désiré, et qui vous garantit la plus charmante misère. — Cinq ans plus tard, à son retour de Rome, Halévy subit la commune épreuve réservée aux compositeurs: il attendit, puis obtint enfin quelques mauvais poëmes qui entraînèrent avec eux les essais du futur maître. Ce ne fut que vers 1830, avec le *Dilettante d'Avignon*, qu'Halévy commença la série de ses nombreux succès; il serait superflu de les mentionner. Qui ne connaît la *Juive*, cette admirable tragédie lyrique où la grandeur des récits s'allie si splendidement à l'interprétation des sentiments et des passions! Qui ne connaît l'*Eclair*, ce ravissant tableau de genre, où se trouvent toutes les qualités de la grande peinture! Qui ne connaît et la *Reine de Chypre* et *Charles VI*, etc.!

Dans tous ces ouvrages, Halévy a témoigné d'une réelle individualité en même temps que d'une grande élévation d'esprit et de cœur; de ce cœur qu'Halévy déversait si abondamment sur toutes ses compositions, il restait encore beaucoup pour la pratique des devoirs sociaux. Ceux qui, comme nous, ont eu le bonheur de connaître ce maître si sincèrement pleuré, savent que jamais l'autorité de son nom ne fut mise au service d'une pensée égoïste; ils savent encore que le scepticisme, si fréquent en toutes matières en ce temps, n'altéra jamais sa foi artistique, et que, si Halévy fut populaire, c'est que le public vint à lui, et non pas parce qu'il alla jamais au public, le mensonge aux lèvres, quêter de faciles succès. Cette honorabilité d'Halévy, dans ses actes et dans ses travaux, en fait une des plus grandes figures, — si ce n'est la plus grande, — dont doive s'enorgueillir l'art français. Le présent dit presque oui; l'avenir affirmera.

J. J. Debillemont.

MADEMOISELLE CREVETTE

Mademoiselle Crevette était une courageuse créature qui, pour toute fortune, possédait 5 francs. Chaque nuit, quand arrivaient les maraîchers de la banlieue, elle achetait sur le carreau des Halles pour cent sous de choux en gros. Pendant la matinée, elle poussait dans les rues une petite charrette en criant ses légumes, qu'elle revendait en détail aux ménagères. Elle vivait de la différence!

Un vilain soir d'hiver, dans la rue Saint-Denis, Privat d'Anglemont trouva mademoiselle Crevette assise sur une borne.

La pauvre fille sanglotait et pleurait à chaudes larmes. Elle avait fait un faux pas sur le pavé glissant, et, dans sa chute,

non-seulement elle s'était blessée à la tête et aux mains, mais encore, de ses vêtements déchirés, la pièce de 5 francs avait roulé dans un égout.

Mademoiselle Crevette était ruinée, complétement ruinée!

On se tutoie facilement dans notre monde. — Console-toi, ma bonne fille, disait donc le bohème, et ne pleure plus ainsi! J'ai six sous, prends-les. Entre chez Bordier, bois la goutte et réchauffe-toi. Avant une heure je te rapporterai tes cent sous. Il est tard, c'est vrai, mais j'ai beaucoup d'amis riches, et pour sûr je rencontrerai quelqu'un qui me prêtera la somme. Allons, reste tranquille et espère!

On donnait ce soir-là une première représentation au théâtre de la Porte-Saint-Martin. Pendant qu'on jouait un acte, le docteur Aussandon était resté seul au foyer. Appuyé contre le chambranle de la cheminée, il rêvait en se brûlant les tibias.

C'était un excellent homme, que ce cher docteur. Bon, indulgent, serviable, obligeant, il nous aimait tous, et tous nous l'aimions. Il avait pourtant un défaut : il ne pouvait pas souffrir Privat d'Anglemont!

Dites au chanteur qu'il ne connaît rien à la sculpture, au sculpteur qu'il chante mal, au premier Français venu qu'il n'est pas bon médecin, et vous verrez les colères que vous soulèverez!

Or le docteur avait énormément d'amour-propre littéraire, et il croyait que Privat *blaguait* ses romans.

Aussi, quand il vit son ennemi entrer au foyer, le docteur fronça les sourcils et boutonna son habit noir jusqu'en haut. Mais Privat, accourant les bras ouverts : Ah! cher maître! s'écria-t-il, que je suis aise de te voir! Je te cherche depuis quatre heures! J'ai été chez toi...

— Pour m'emprunter quarante sous...

— Mais non...

— Alors cinq francs? mais...

— Ne plaisante donc pas! Je viens te demander la clef de ton appartement.

— Ah bah! vraiment! Et le motif?

— Écoute, parlons bas; je suis pressé. Ledru-Rollin est à Paris.

Depuis midi nous courons pour arranger des affaires importantes qui ne peuvent se terminer que demain matin. La police est sans doute instruite. Ledru ne peut coucher ni dans un hôtel ni chez moi, qui suis signalé... Il m'a parlé de toi... Il se souvient de t'avoir vu à la *Réforme*, et j'ai pensé...

— Comment ! il se souvient...

— Certainement, parbleu ! D'ailleurs, à Londres, les exilés lisent tout ce qui se publie en France. Ledru connaît par cœur ton *Manuel hygiénique des passions*, et il aime beaucoup ce roman que tu as fait paraître dernièrement dans le *Pour tous*. Comment donc s'appelle-t-il ?

— *Pain-Cuit ?*

— Justement. Nous avons donc été chez toi, puis au café, au cercle, sans te rencontrer. Je désespérais, quand je me suis souvenu tout à l'heure que tu pouvais être ici. Du reste, notre ami m'attend à la porte, dans un coupé ; et, si tu le désires, j'aurai grand plaisir à te présenter à lui.

— Allons, fit le docteur encore méfiant.

— Allons, dit Privat, cela vaut mieux.

Ils descendirent sous le portique du théâtre. En effet, à dix pas, une voiture stationnait au bas des escaliers qui donnent sur la chaussée. Le docteur, convaincu, s'arrêta : Non, dit-il, cela ne vaut pas mieux. S'il arrivait quelque mésaventure, il y a certains drôles qui feraient croire... Je préfère aller souper avec les auteurs... Tiens, voilà mes clefs...

— Comme tu voudras. En tout cas, merci !

Privat prit les clefs, fit quelques pas, puis, revenant brusquement vers Aussandon : J'oubliais, mon bon vieux ! Nous avons quelques heures de voiture, et je ne sais si notre ami a beaucoup d'argent sur lui...

— C'est juste, c'est très-juste. Voici un louis...

Le bohème descendit vers le coupé, vide sans doute, demeura deux minutes la tête penchée dans la portière, comme s'il parlait à quelqu'un, puis il revint encore à Aussandon, qui restait immobile sur le seuil du théâtre : Décidément, mon bon, je te rends tes clefs...

— Comment donc, mes clefs ? pourquoi ?

— Parce que notre ami vient de me dire quelque chose...

— Eh quoi ! n'a-t il pas confiance ?

— Non, non, tu n'y es pas ! Il m'a rappelé un mot charmant de Diderot.

— Et le mot ?

— C'est que *la bourse d'un homme d'esprit se trouve toujours dans la poche d'un imbécile.*

Et Privat s'enfuit en riant.

— Grand voyou ! vociféra le docteur, qui, lui aussi, ne pouvait s'empêcher de rire.

Un quart d'heure après, mademoiselle Crevette avait le louis, le louis tout entier. Elle pleurait de joie en balbutiant : Mais comment pourrai-je vous rendre, mon bon Privat...

— Écoute, dit Privat ; toutes les fois que nous te rencontrerons le soir, moi ou mon ami (et il me présenta à mademoiselle Crevette), tu nous offriras un chou et tu nous payeras la goutte !

Depuis cette soirée, qui cependant me semble dater d'hier, mes deux amis sont morts. L'un lentement et résigné, l'autre brusquement et irrité.

Mademoiselle Crevette est établie, établie pour tout de bon, dans la rue Montorgueil. Elle tient un magasin de beurre, d'œufs et de fromages. Elle fait fortune. Quand parfois, le soir, j'entre chez elle pour lui parler de notre ami, elle m'offre bien encore la goutte, mais elle me fait de la morale, et cela m'ennuie.

ALEX. POTHEY.

MUSÉE CAMPANA

J'ai pour ami un original qui n'admet pas facilement les divagations communes en matière d'art. Toute la rhétorique de sentiment ou d'images accumulée depuis un demi-siècle par les critiques et les archéologues lui fait lever les épaules, quand elle ne le met pas en colère. Pour lui, le passé de l'humanité, sans distinction de civilisations et de peuples, est son enfance; le présent est sa jeunesse, anarchique et tumultueuse, comme cela doit être, les passions y primant la raison incertaine encore. Aussi les jugements qu'il porte, à ce point de vue, sur les choses de l'art sont arrêtés et violents. Dans l'œuvre de la Grèce, il n'excepte que trois ou quatre morceaux, délicats dans leurs lignes ou puissants dans leurs caractères, qui lui paraissent avoir tout juste la valeur d'indications exactes pour l'avenir. Tout le travail des Romains, il le voue au marteau, n'en désirant sauver que deux ou trois bustes d'empereurs, où la science de la réalité semble avoir dispensé l'artiste de connaissance psychologique. Les musées égyptien, assyrien, étrusque, le font rire; et pour nettoyer Paris de ces grotesques, il offrirait volontiers de les faire transporter à ses frais sur nos grandes routes, où les cantonniers en feraient leur affaire. La petite collection américaine surtout, avec ses vitrines proprettes et son air de boutique marchande, lui tire des hauts-le-corps incroyables : souvent il fait au gardien la plaisanterie de lui demander s'il tient tel ou tel article, ou combien il vend tel objet. Je vous l'ai dit, c'est un original. Il ne conduit jamais sa femme dans la grande galerie du Louvre, parce qu'avant d'arriver aux belles et paisibles peintures de la Renaissance, il lui faudrait traverser les grimaces contournées et agaçantes de l'époque primitive; et qu'il redouterait l'action de ce spectacle sur l'être sensible et nerveux de sa compagne.

Il faut l'entendre tonner contre les chercheurs de vieilleries et d'antiquailles. Ces inoffensifs amateurs du brimborion et du bibelot ne sont rien moins que des rats éhontés qui tirent de l'égout artistique et ramènent à la lumière les plus sordides haillons de l'esprit humain; des vidangeurs, qui descendent au dépotoir abject de l'histoire, pour y ramasser les restes honteux de notre ignorance, de notre infirmité ou de nos superstitions passées. Ce blasphémateur ne se tint pas d'aise, le jour où je lui eus fait lire la phrase de Proudhon : — « Je voudrais, pour notre plus prompte régénération, que musées, cathédrales, palais, salons, boudoirs, avec tout leur mobilier ancien et moderne, fussent jetés aux flammes, avec défense aux artistes de s'occuper de leur art. Le passé oublié, nous ferions quelque chose. » — Voilà qui est frappé juste, s'écria-t-il, et bien pensé, et bien dit. Que font donc dans leurs feuilletons par la ville, Thoré, T. Gautier, Paul de Saint-Victor et vos autres critiques d'art? Quoi! avoir reçu de la nature tous les dons, Thoré, le juger infaillible; Gautier, la diction impeccable; Paul de Saint-Victor, le ruissellement magique de la phrase; et passer le temps, accroupis sur des œuvres mortes, à leur insuffler le fluide d'un style incomparable, uniquement pour voir si, comme la grenouille de Volta, elles ne finiront point par tressaillir et marcher: *O miseras hominum mentes! o pectora cæca!*

Et il s'en allait déclamant contre l'art ancien et les critiques modernes.

— Que pensez-vous du musée Campana? lui dis-je l'autre hier en l'abordant.

— Excellente affaire! Exclama-t-il avec enthousiasme.

— Comment l'entendez-vous?

— Mais comme il faut l'entendre.

— Au point de vue de l'art?

— Peuh!

— Des artistes?

— Ouais!

— Comment donc?

— Eh! comme affaire. Les affaires sont les affaires. Trois millions à gagner, demain, si l'on veut, par la revente au détail. Que dis-je? trois millions, six peut-être.

— Y songez-vous? Une collection unique dans l'histoire, un musée tout entier, revendu en détail! Mais les artistes s'ameuteraient; mais l'art se voilerait la face...

— Ta, ta, ta, ta... Pas de phrases, s'il faut plait : raisonnons.

Ne savez-vous pas comme moi, qu'en fait d'art, l'érudition n'est rien, le sentiment, tout. L'érudition étonne et laisse froid; le sentiment touche et subjugue. Si l'art n'a d'autre objet que de donner à chaque moment de la durée la formule plastique de l'humanité, que sert à l'artiste de connaître les formules ébauchées avant lui? Il lui suffit d'être maître des moyens de son art et de les appliquer à la traduction directe de son époque. Plus il sera ignorant des interprétations antérieures, plus il sera naïf et saura impressionner. Moins il y aura de raisonnement entre la nature, son modèle éternel, et l'impression qu'il en aura reçue, plus il sera vrai, partant fort.

Pourquoi alors agrandir sans fin ces immenses réservoirs de bric-à-brac, dans lesquels nous entassons à grands frais les défroques historiques de tous les siècles? Les artistes, qu'auraient-ils à y puiser? Ne sait-on pas bien que l'étude minutieuse et approfondie des époques écoulées n'est point leur fait? Le costumier de la rue Bonaparte en sait plus qu'eux tous réunis; il est là pour les renseigner à l'occasion; et, à son défaut, le moindre employé de la Bibliothèque. Car, que faut-il à l'artiste? Etre bien renseigné. Ne dit-on pas que toute l'érudition de M. Ingres gît dans la tête de M. Hittorff, et celle de M. Gérôme dans ses dictionnaires et ses collections de gravures?

Le public, il est vrai, trouve à parcourir ces galeries quelque satisfaction de curiosité; mais n'est-ce pas, dans un ordre renversé, la curiosité vague des bœufs qui, du bord de la prairie, regardent passer un convoi de chemin de fer, sans y rien comprendre?

Je parierais les cent mille francs de gratification que m'allouera le ministère lorsqu'il aura adopté mon idée de revente au détail, que le musée Campana va retarder de vingt ans encore l'apparition si longtemps et si vainement attendue du génie français en peinture.

Déjà les classiques, les mystiques, les peintres de style, d'histoire, de religion, sont accourus pour renouveler leur provision de silhouettes, d'expressions ou de couleur locale. Je les entends qui se font fort, avec leur nouveau bagage, d'approvisionner le grand art pour tout le restant de leur vie; après quoi, ils le remettront à sa destinée.

Et puis n'avez-vous pas ouï la grande rumeur qui s'est faite au camp des néo-Grecs? Ils avaient épuisé tout Pompéi, tout Herculanum, tout le musée secret. Leur cerveau était à vide. Plus de sujets; pas un seul petit morceau de mouche ou de vermisseau. Ils étaient tous criant famine; et voilà que, par une fortune inespérée, le grenier de la fourmi Campana leur arrive par mer, à grand bruit de roues dans les flots et de vent dans les voiles. Quelle aubaine! Gageons que si, cette nuit, vous vous faufiliez dans le cercueil du guerrier étrusque, vous verriez, demain, à l'aube, quelques-uns de ces malheureux sortir des pots, des marmites, des amphores, où ils vivent cachés depuis trois mois, copier en hâte, qui une figure, qui un mouvement, qui une draperie; puis, à l'heure où les portes du musée s'ouvrent à la foule, regagner subitement leur retraite en replaçant sur eux les couvercles qui les cachent aux regards. Gérôme, lui-même, le grand Gérôme doit gémir dans son Orient à l'idée des richesses qu'il laisse échapper. S'il ne double ses relais de chameaux pour hâter son retour, il court risque, Crillon posthume et peintre dépassé, de s'entendre dire un jour par ses suivants et fidèles : « Pends-toi, brave Gérôme, nous avons copié à Campana, et tu n'y étais pas! »

Comment voulez-vous que l'esprit de la France se retrouve au fort de cette recrudescence archaïque.

Vendons donc, vendons, avant que ce mal gagne. Profitons du moment. Jamais l'occasion n'aura été plus favorable. Depuis quarante ans, il s'est formé pour le bibelot une littérature spéciale qui le prône, une armée choisie d'amateurs qui se le disputent à prix d'or. Dans Paris, chaque maison a une pièce, chaque pièce une étagère, qui demande à se garnir. Les ventes multipliées des collections françaises, l'importation des cabinets étrangers, les dépouilles du palais d'été, ont été impuissantes à satisfaire tous les appétits. Dans chaque habitation il reste des vides à remplir. Qui sait combien de temps durera cette fureur factice? Que valait le bibelot il y a cinquante ans? que vaudra-t-il dans un demi-siècle?

— Je commence à me rallier à votre idée.

— Elle est excellente, vous dis-je. Le prix d'acquisition étant minime eu égard au cours du jour, le bénéfice est certain. Une série de ventes partielles intelligemment espacées produira des résultats étonnants. Ce qu'on a acheté cinq millions, on peut le revendre aisément quinze. Je rembourse à l'État les cinq millions de son achat, je jette un million dans la caisse de la Société des Amis des arts, qui tombent à mes pieds et me votent une statue; je refuse la statue; j'emploie cinq millions à fonder pour mes jeunes lauréats les cinq nouvelles écoles depuis si longtemps sollicitées, à Anvers, à Amsterdam, à Madrid, à Venise, à Florence. Et, avec les quatre millions qui me restent, je fais des commandes de toute nature à nos peintres, sous la seule obligation par eux de s'enfermer dans ce programme : — peindre en français, c'est-à-dire nous donner une peinture qui ne soit plus ni grecque, ni romaine, ni florentine, ni vénitienne, ni flamande, ni antique, ni moyen âge, ni renaissance, mais uniquement et simplement française, comme nos lettres, comme notre philosophie, comme notre génie et nos mœurs sont français.

— Ne parlez pas ainsi; vous biffez d'un seul coup les plus célèbres noms de ce temps : Ingres, Delacroix, Ary Scheffer, Decamps, Meissonnier.

— C'est notre ignorance qui a fait leur célébrité. Mais la

question n'est pas là. Si vous ne faites pas ce que je vous dis, l'art désormais demeure sans boussole. Plus de salut pour lui, à moins que nous n'appliquions le remède héroïque de Proudhon, qui consiste à jeter aux flammes...

— Arrêtez, sacrilége! Vous me compromettez.

CASTAGNARY.

ÉTUDE DE FEMMES

AMANDA. — Grande brune un peu sèche; — les yeux de son nom; — cheveux tombant sur les épaules; — jupon brodé et caraco de velours. — De 26 à 34 ans.

OLYMPE. — Blonde bien conservée; — cheveux nattés et découvrant au-dessus de la joue gauche deux petits signes qui ne doivent rien à la nature; — robe de soie bleue, col et manches en dentelle; — quantité de bagues, qui ne lui ont pas coûté cher, brillent à ses doigts. — De 30 à x.

AMÉLIE. — Petite brune; teint mat, mains fines et blanches; — cheveux relevés et formant le 8 par-derrière; — robe de soie noire; col plat, manchettes plates. — De 18 à 22 ans.

ERNESTINE. — Ressemble beaucoup à Amélie; cependant il est absolument impossible de prendre l'une pour l'autre.

MATHILDE. — Blonde cendrée; — robe ouverte sur le devant; col et manches à revers en mousseline brodée; — chaîne et montre en or, brillants aux oreilles, bagues à profusion : une vraie châsse. — De 20 à 30 ans.

MADAME MARTEL. — Grande, vieille, sèche, figure longue et anguleuse; cheveux gris tombant en tire-bouchons; — robe de laine noire, châle en tartan gris; chapeau noir et vert; — un paquet à la main. — 62 ans.

(UNE CHAMBRE A COUCHER. — Lit et rideaux en perse bleue. — Armoire à glace, toilette, commode. — Deux fauteuils et quatre chaises en damas rouge; divan près de la cheminée, sur laquelle une pendule à sujet, l'*Amour blessé*, ne donne pas l'heure, par la bonne raison que, depuis deux ans, la grande aiguille manque. (*Il est midi et demi.*) — Au milieu de la chambre, une table ronde sur laquelle est servi le café. — Ces dames fument. — Amanda et Ernestine se font les cartes).

OLYMPE.

Ernestine, combien de morceaux de sucre?

ERNESTINE.

Deux seulement. (Étalant le jeu de cartes.) Une, deux, trois, quatre, cinq : visite à la nuit; une, deux, trois, quatre, cinq : un monsieur brun...

AMANDA.

Je sais qui c'est.

ERNESTINE, continuant.

Une, deux, trois, quatre, cinq : ah! une mauvaise femme.

AMANDA.

Léonie, c'est sûr.

OLYMPE.

Où avez-vous soupé hier?

MATHILDE.

Moi, à la Maison-d'Or, avec Henriette. Nous avons joliment ri.

AMANDA.

Henriette!... encore une boîte à couleurs que celle-là; l'autre soir, à Mabille, il y a un monsieur qui prétendait qu'on pourrait nourrir vingt pauvres avec la farine qu'elle se met sur la figure. Tu as du courage, de sortir avec ça.

MATHILDE.

Que veux-tu, dans ce moment-ci, je soupe sous les soirs; je ne peux pas choisir mes femmes.

ERNESTINE.

Tu as de la chance; moi, rien ne me réussit. (Continuant de se faire les cartes.) Une, deux, trois, quatre, cinq : demande d'argent. (Jetant les cartes.) C'est bien ça, je dois à Dieu et au diable, cela commence à m'embêter.

AMANDA.

Dame, voilà ce que c'est que de donner dans les artistes.

OLYMPE.

Le fait est qu'elle a un faible pour ce monde-là.

ERNESTINE.

Celui-là en vaut bien un autre; j'aime mieux être appelée femme d'artiste que femme à soldat.

AMANDA.

C'est peut-être pour moi que tu dis cela... faudrait pas me taquiner longtemps, tu sais. (Avec ampleur.) Eh bien, moi, je trouve plus beau un homme qui manie l'épée que la plume.

OLYMPE.

Allons, du calme, mes petites, vous finirez toutes deux par aimer des banquiers, c'est dans la nature.

AMÉLIE, soupirant.

Oui, mais c'est rare;... ah! qui est-ce qui a vu Julia avec son Anglais? Fait-elle sa tête depuis qu'il l'a mise dans ses meubles? Seulement il veut qu'elle travaille... c'est moi qui lui dirais-z-ut.

ERNESTINE.

Écoute donc, elle est si enfant; c'est pour la tenir un peu... et elle l'aime peut-être.

AMANDA.

Oh! toi, je te retiens... elle aime, tu aimes, j'aime... Eh bien, si cet homme l'aime, pourquoi lui dit-il de travailler?

ERNESTINE.

Ça l'aidera toujours un peu;... ce n'est pas en fumant des cigarettes que tu amasseras dix mille francs de rente.

AMANDA, avec aigreur

Je ne t'ai jamais demandé à manger, n'est-ce pas, et je ne suis pas morte de faim... et puis, au bout le bout; — il n'y a que la mère Martel qui me fracasse un peu...

OLYMPE.

Tu sais qu'elle a fait vendre la petite Clarisse.

AMANDA.

Elle ne me vendra pas, je suis dans ses meubles,... du reste, il n'y a qu'à savoir la prendre; si elle vient, vous verrez, mes petits amours, je veux qu'elle pleure... et qu'elle m'offre de l'argent. — Ah! dis donc, Mathilde, j'ai vu Jules avant-hier, tu n'es pas remise avec lui?

MATHILDE.

Ma foi non, il m'embêtait trop; il avait l'air d'un jeune premier; il était toujours à mes genoux, ma Mathilde par-ci, ma Mathilde par-là; et puis c'étaient des scènes parce que je n'avais pas de bonnes manières, je parlais mal, les hommes me regardaient... Ah mais! un jour je lui ai dit : Ah çà, est-ce que tu crois que je tombais du ciel quand tu m'as rencontrée? Non, n'est-ce pas, puisque je revenais de Mabille; eh bien! alors, il ne faut pas m'agacer, je suis comme ça... il y en a de plus huppés que toi qui m'ont trouvée bien. — Là-dessus, il m'a dit que je ne comprenais rien, que j'étais une sans cœur; ma foi, je l'ai balancé. Je l'ai retrouvé à l'Opéra, il y a quinze jours, il m'a fait des protestations d'amour; je lui ai demandé deux louis... il court encore.

ERNESTINE.

Il avait cependant l'air de bien t'aimer.

MATHILDE.

Oh! il y avait des jours... et puis d'autres où il était comme un ours, à ne pas prendre avec des pincettes; j'ai bien assez de caprices, il ne manquerait plus que mes amants en aient.

ERNESTINE.

On ne peut pourtant pas toujours vivre sans aimer un peu.

MATHILDE.

Si ça ne fait pas mal!... Du moment qu'une femme veut faire son chemin, faut qu'elle dise adieu à l'amour; sans cela son compte est fait, c'est une femme flambée!

OLYMPE, à Mathilde.

Les drôles de femmes avec leurs amours!... tout ça, c'est de la pose; aimez ce que vous voudrez, mais pas un homme, c'est trop dangereux; je comprends qu'on aime un perroquet, un serin, un chat... pas un chien, c'est déjà mauvais, mais un homme!... rien que d'y penser j'en ai le frisson.

ERNESTINE.

Alors tu n'as jamais aimé que des chats et des serins, toi?

OLYMPE.

Ah! mais voyons, je ne suis pas ici à confesse...

AMÉLIE.

On frappe, je crois?

AMANDA.

Ah! c'est la mère Martel. (A part.) Attention, cela va chauffer. — Bonjour, mère Martel. Dieu! comme tu as bonne mine! arrive te chauffer; tiens, tu vois, j'ai de la compagnie.

MADAME MARTEL.

Bonjour, mesdames; est-il Dieu permis de fumer comme cela; on ne voit pas clair; ça arrange bien une chambre.

ERNESTINE.

Vous ne voulez pas fumer, madame Martel?

MADAME MARTEL.

Ah! ma chère enfant, rien que l'odeur me fait mal.

OLYMPE.

Vous avez de belles choses dans ce paquet, madame Martel?

MADAME MARTEL.

Non, des bébés que j'avais loués.

ERNESTINE.

Tiens, vous louez des costumes, moi qui étais si en peine, hier...

AMANDA.

Oui, mais tu sais, avec des monacos au bout. — Veux-tu du café, mère Martel?

MADAME MARTEL.

Non, merci, madame.

AMANDA.

Madame! Qu'est-ce que tu as?... tu es malade... Tiens, tu me fais de la peine avec tes manières... Madame!... oh! là là!

MADAME MARTEL.

J'ai, j'ai... vous le savez bien, ce que j'ai... je veux vous parler.

AMANDA, avec abandon.

Mais parle, maman Martel, ces dames ne sont pas de trop. — Voyons, qu'y a-t-il?

MADAME MARTEL.

Il y a que tous les jours vous me promettez de l'argent et que vous ne me donnez jamais un sou;... moi, je ne paye pas mes billets avec des promesses. Vous n'avez pas d'argent à me donner?... Non... Eh bien! vous sortirez comme vous pourrez, j'emporte la robe. Depuis trois semaines que je l'ai vendue, pas un liard dessus...

ERNESTINE.

Voyons, madame Martel, soyez raisonnable; elle ne peut pas sortir sans sa robe.

MADAME MARTEL.

Mais vous ne savez donc pas que voilà cinq ans qu'elle me balance comme ça; elle me doit plus de 2,000 fr.!

AMANDA.

Tu devrais aller le crier sur les toits.

MADAME MARTEL, exaspérée.

Tenez, vous n'êtes qu'une drôlesse, une pas grand'chose, faire perdre de l'argent à une pauvre vieille femme, c'est ignoble!... Vous quitterez l'appartement, je vous donne congé...

AMÉLIE.

Madame Martel, je vous en prie, voyons, calmez-vous!

AMANDA.

Vous perdez bien votre temps, allez; quand elle s'y met, elle est mauvaise comme un chien enragé; je n'ai pas besoin de lui demander où elle a déjeuné.

MADAME MARTEL.

Déjeuné... chez ma fille, que j'ai déjeuné...

AMANDA.

Je le savais bien, tu ne m'en aurais pas tant dit sans cela; chaque fois que tu viens de chez tes enfants, tu ne vaux pas le diable; ils te montent la tête; — ils sont encore plus méchants que toi, ainsi...

MADAME MARTEL.

Peut-on dire cela! ils sont meilleurs que moi... Qu'est-ce que vous avez après eux? Ils ne s'occupent pas de mes affaires.

AMANDA.

Des enfants de vingt à vingt-cinq ans qui se laissent nourrir par une pauvre vieille femme qui est obligée de trotter toute la journée pour ramasser quelques sous... c'est du propre!

MADAME MARTEL.

Après! si ça me convient de les nourrir... et tant que j'aurai un sou, ce sera pour eux, ce sont de bons sujets; on peut le demander partout où ils ont travaillé, ils n'ont jamais fait de tort à personne...

AMANDA.

Je ne te parle pas de cela; seulement ce sont des feignants qui n'ont pas de cœur de laisser travailler une femme qui ne devrait plus quitter sa chambre. Il y en avait un de bon celui-là, mais il est parti pour n'être pas à charge à sa mère, il s'est engagé, votre Auguste; ah! parlez-moi de celui-là, voilà un brave cœur qui aime sa mère comme y en a pas beaucoup.

MADAME MARTEL.

Ah! mon pauvre Auguste! c'est lui qui a voulu partir à toute force, le pauvre garçon.

AMANDA.

Et c'est à cause de vous; il vous a donné 1,500 fr. sur 2,000 qu'il a touchés. C'est pas la peine de pleurer pour ça. La veille de son départ, il est venu me voir, il m'a dit : « Voyez-vous, mademoiselle Amanda, faut que je parte; ma mère continuera son commerce; avec ces 1,500 fr., elle pourra attendre les rentrées. Pour vous, mademoiselle, faut pas vous tourmenter comme vous le faites. Au fond, c'est une bonne femme que ma mère; elle m'a promis de ne pas vous faire de trop grosse scènes... Ah bien oui! belles promesses, mon pauvre Auguste : elle va la ficher à la porte.

MADAME MARTEL.

Mon Dieu! je la mets à la porte maintenant! Mais aussi, vous m'exaspérez. J'aimerais mieux que vous me disiez : je te donnerai tant tel jour, et que ce soit vrai... mais toujours demain...

AMANDA

Il m'est donc défendu d'espérer... Au reste, tout cela est inutile. Vous me mettez à la porte, je vous fais des billets, et tout est dit. Est-ce que Auguste est toujours à Metz? Faudra lui écrire; je lui raconterai ceci...

MADAME MARTEL.

Allons, voyons, je n'ai pas dit mon dernier mot; mais donnez-moi des à-compte. — Mon Dieu! déjà trois heures, et j'ai encore quatre courses à faire : faut que je file. Est-ce que je viendrai demain?

AMANDA.

Pourquoi faire, puisque tu emportes ma robe?

MADAME MARTEL.

Est-ce qu'on te la prend, ta robe? Tenez, elle m'a encore enjôlée : je viens toujours en colère, et je m'en vais faisant tout ce qu'elle veut; je ne sais comment elle fait.

AMANDA.

La belle malice! tu veux toujours paraître plus mauvaise que tu n'es.

MADAME MARTEL.

Allons, je viendrai demain. Bonjour, mesdames. (Elle sort.)

AMANDA.

Aussi il était temps, je n'en pouvais plus. Eh bien! Qu'est-ce que vous en dites?

ERNESTINE, avec admiration.

Tu es joliment rouée, tout de même, moi qui ai si peur de ces femmes-là!

AMANDA.

Ça m'a donné mal à la tête; si nous allions prendre le madère au café de *Montmorency?*

OLYMPE.

C'est une idée! (Elle met son chapeau et s'arrange devant la glace.) — Allons, tout le monde sous les armes!... Nous n'allons pas là pour nous amuser.

FIRMIN MAILLARD.

LA PINTE DU ROY

CONTE DROLATIQUE QUI HA ESTÉ ESCRIPT EN VIEIL LANGUAIGE POUR L'ESBATTEMENT DES PANTAGRUELISTES

J'ai ouï conter à ung vieil conteur de bourdes, bons proupos de table et aultres plaisantes chronicques, que nostre défunct roy François premier estoyt tant bon bancqueteur, que ce estoyt passe-temps celeste le veoir en son privé faire trêves de soif et vuider galentement sa pinte en compaignie de ses hamis les bricolleurs. Ores faictes estat que la dessusdicte pinte estoyt de taille mirifique, béante comme couvrechief hespaignol, proufunde comme benoistier d'Italie, voire enduicte d'esmeraugdes et de rubiz curieusement boutez en sa carapace crystalline, *etiam* filigrannée, contorsionnée et aornée de phantaisies à la fasson arabesque.

Onques n'auriez treuvé és royaulme de France pinte plus triumphante, plus pantagruelique, plus contenante, pinte plus tout. Néantmoins point ne failloyt le roy à la vuider bravement, et ce, d'une seule fournée sans musarder ung petit à ceste fin de tant seulement dire : « Sainct-Quentin me soyt en ayde! »

Et pour ceste espéciale vertu lui feut faict grant honneur par les escripturiers et collecteurs de haults faicts d'armes.

Ung soir, au desbotté des vespres, notre mignon sire s'estoyt clouz avecques ses compaignons en son logiz sis ruë de l'Arondelle, lequel (ung chascun sçayt) feut basty pour logier, dorelotter et mignonner la tant doulce madame d'Etampes. Là menoyent grant liesse, caressant les flacons, festant les saulces, enterrant les andouilles, embarquant les victuailles, iorquelant, crachyant, mouchyant, beuvant, grenoillant, fretinfretaillant, brief, colonnant bien et druement le moule de leurs pourpoincts comme avoyent coustume les gens de court en cettuy temps de haulte philosophie.

Lors sus la fin de la nuictée les courtizans esleurent le roi bien beuvant roy de beuverie. Et ce feut bonne et ample iustice, ayant le sire (au sceu et au veu de ung chascun) esgoutté sa tant illustre pinte suyvant la manière dessus descripte, et à luy trez-especiale.

Nonobstant le sire de la Ruauldin, jurant par sainct Quenet, incita cognoistre és moustier de Sainct-Victeur, ung frocquard bien complexionné, lequel avoyt nom Happemousche en bon françoys, et que il existimoyt estre de qualibre à vuider mesmement que le roy sa grant pinte, encores que elle feut bien pourvue de vin de l'Isle-Bouchard.

— « Ventre sainct Godepin! dit nostre sire Françoys, on oultrage le roy? » Mais finablement il amollit sa cholère et desfronça les sourcils, car il estoyt bonhomme, avoyt tousiours cure de soi divertir et non de contrister ses hamis.

Ores comme il soubhaita veoir le moyne à ceste fin de se resgaller ung petit la rate, les courtizans despeschèrent ung douzain de paiges qui s'en allarent querir le sieur Happemousche en grant querimonie.

Cuidez que le frocquard estoyt frocquard comme pas ung, ventripotent comme sainct Pansart, rondelet comme tonneau de Bourgongne, enflé comme ioues de cornomuseur et aorné d'ung maistre nez à boire un baril; nez où les mousches se pourmenoyent voulentiers, nez diapré, estincellé, pullulant, esmaillé, purpuré, boutonné, brodé de gueules et supercouloré par vertu de purée septembrale. Brief estoyt bien le plus ioly petit moyne, moynant, moynillant qui ayt iamais moyneaudé és moustiers de Paris; au demourant bon gausseur, ains grant avalleur et tousiours creux comme la botte de sainct Benoist, veu que il estoyt né au pays de Poulongne, pays de plantureuse beuverie comme France feut eternement fertile en cocquards et raillards de bonne étoffe.

— « Es-tu pas bon frocquard? » feit le roy se virant devers Happemousche et lui soubriant pour lui bailler couraige.

— « Oui, » feit le moyne.

— « D'oncques, par ma fi, tu peux boire ceste pinte ne plus ne moins que si tu estoys roy de France.

— « Ha! ha! » feit le moyne... Et il demoura tout pantois, veu, dist-il, que il n'avoyt oncques mussé sa deplourable trongne és recipian de ceste taille et que il ne voloyt point en courir l'adventure sans etre acertené pouvoir parachever une entreprinse aussy royale.

Et après ce dict issyt de la chambre à petit bruit comme feroyt vent d'une fluste d'Allemaigne et se despartit conspué, gallefreté, honny, blasmé, après qu'on lui eust desbagoulé mille duretez aspres et resches comme estrilles. Brief feut réputé ne pas plus cognoistre la belle science de maistre Bacchus que les lievres ne se cognoissent à faire des fagots.

Le temps de dire un sixain de patenostres et voila le frocquard revenu. — « Ah! le bresche-dents! » — « Oh! le goguelu! le faictneant, le hapelopin, le rien-ne-vaulx, le plaisant-rousseaulx, le marmiteux mitouflé, le fagosteur de tabus, le grippeminaulx à vingt-cinq caratz! » — « Que les fiebvres quartaines t'estouffent! » — « Que la langue te pele! » — « A l'eaue le trainegaisne! » — « Vien ça! Vien ça!!! maistre gaubregeux, ie te baillerày flacon de seyne; » et aultres epithetes non miesvres dont n'avoyent espargne les hamis du roy, car deia leur entendement estoyt moult esreiné, desconfict, ruyné, pour ce que les esperits du vin se demenoyent trez-druement dedans leurs paouvres cervelles. »

— « Vère, messeigneurs, feit Happemousche, prestez-moy ung petit vos inclites aureilles ; après aurez loisir de me mauldire. »

— « Oyons! » feit le roy.

— « Oyez, feit le moyne, oyez ce que il advient de vostre serviteur bien indigne : de prime-sault ie me suis devallé devers la rostisserie du Petit-Chastelet, laquelle est reputée grande et orde manufaicture d'ivrongnes. Là ay quemandé à l'hostellier sa plus grant pinte, y ay enmesnaigé du vin trez-folastre, puis l'ay vuidée par manière d'essay, et trez-bien. D'oncques, pour ce jour de huy, suis acertené pouvoir vuider mesmement celle du roy, car elle est de taille pareille. »

Et, de faict, print la pinte, ouvrit son ouvrouer et engoulphra la gente liqueur qui desboula souplement ez repliz de son estomach ecclesiastique.

De ce hault faict les courtizans s'estomiroyrent moult, encores que la maiesté et les privileges du roy en feussent navrez notablement. D'aulcuns, bons chrestiens, auroyent soubhaité veoir le frocquard gehenné et finablement cuict en la Greve pour ce que, trez-seur, il se meslayt ung drachme de sorcellerie et de science ægyptianne à son caz. Mais nonobstant leurs requestes et remontrances, le roy ne voulut pas oster du munde ung homme aussy docte et il lui bailla l'abbaye de Sainct-Germain-des-Prez dont la clef estoyt clef du paradiz.

Cettuy conte ha esté escript à ceste fin de bouter en vostre entendement que vous debvez vivre preud'hommement, ne rien faire suyvant la methode des cinges, des coquecigrues, des linottes et aultre bestail d'oultre mer, ne rien dire que à bon escient, voire tousiours vuider deux pintes, et non une.

ALBERT DE LASALLE.

DIOGÈNE

JOURNAL HEBDOMADAIRE, BIOGRAPHIQUE, SATIRIQUE, ILLUSTRÉ

M. J. F. Vaudin, qui soutient en homme ce qu'il avance en homme de lettres, va faire paraître prochainement deux années à la fois de l'histoire critique et anecdotique de la presse parisienne de 1860 et 1861. On se souvient du tapage que fit à sa naissance, il y a deux ans, cette publication, intitulée *Gazettes et Gazetiers.* M. J. F. Vaudin a détaché de son ouvrage, pour notre almanach, deux feuillets qui montreront que l'auteur n'est pas atteint d'atrophie :

N° 1. — 10 mars 1860. — Paris, un an, 15 fr. — Départements, 18 fr. — Un numéro, 30 centimes. — Bureaux, 30, rue Saint-Marc.

Rédacteur en chef : Eugène Varner. — *Collaborateurs :* Paul Mahalin, Louis Jacquin, Ernest Adam, Ed. Grimard, Karl Werther, Jules Claretie, Jules Lermina, Gardelle, Armand Gire, Émile Faure, Frédéric Veret, Victor Koning, Jules Pelpel, Vuillot de Carteville, Charles Valette, Alexandre Flan, Émile Hemery, Détouche, Ponson du Terrail, etc.

Le *Diogène* a l'imprimerie vagabonde ! Il paraît et disparaît tantôt à Paris, tantôt à Auxerre, le plus souvent à Cambrai. Qu'est-ce qui peut donc rendre sa jeunesse, non ! sa composition si volage? Polichinelle seul le sait. Le *Diogène* a été mis au monde pour taquiner le *Gaulois.* Voilà où en est l'opposition dans la petite presse ! M. Louveau, dit Eugène Varner, s'étant séparé du *Gaulois*, mort et enterré aujourd'hui sous la juste réprobation de la police correctionnelle, s'est cru obligé de donner le jour à un journal encore plus idiot. Du reste, je n'en voudrais la preuve que par deux procès qu'il a perdus. N'a-t-il pas trouvé moyen de diffamer Markowsky et Dunan-Mousseux! N'est-ce pas que cela prouve son intelligence? Et M. Louveau est fils d'avoué! A une noce d'inauguration qui a été donnée chez Brebant, le *Diogène* a fait son entrée dans la publicité sous la sauvegarde des immortels principes de 89. Non, je ne ris pas! au nom de la révolution française, on lui a prédit fortune, esprit, liberté, et le prochain héritage du *Figaro*. Mon confrère Charles Vincent lui a chanté de jolis couplets de baptême, et M. Paul Mahalin en pleurait d'attendrissement dans son verre.

Ah! oui vraiment! vous voudriez, messieurs, ressusciter Diogène, avec son tonneau, avec sa lanterne, avec toute sa brutale et impitoyable indépendance! Vous avez un moment espéré de nous donner, pour trente centimes, le spectacle d'une critique sans frein, au milieu de nos mœurs policées, ou plutôt de la police de nos mœurs! Qui êtes-vous donc? D'où sortez-vous? Comment vous a-t-on élevés? Cette jeunesse! elle n'a pas encore la figure débarbouillée des aigreurs du berceau qu'elle se met du Rabelais, du Triboulet, du Voltaire et du Spinosa sur le cœur. Elle doute déjà doctoralement de Dieu et de tous les miracles, et vous la voyez s'enthousiasmer de ridicules et absurdes résurrections. Mais le cynisme, mes chers petits messieurs, n'est plus ce que vous pensez et ce que vous cherchez à faire revivre. Le cynisme se gante, s'habille, se farde, se parfume, a des laquais, des équipages, des fournisseurs, et même des journalistes distingués à son service. Le cynisme a le langage fleuri et même aristocratique, l'œil limpide et superbe, la main constellée. Le cynisme a aujourd'hui du savoir-vivre, des principes, de l'ordre, du crédit. Votre *Diogène* n'est qu'un va-nu-pieds, plein d'humeurs froides, qui n'a pas plus de cynisme que de crédit, d'originalité que de littérature. Parce que vous traînez après vous quelques misérables lambeaux de vos études, quelque latin ou grec d'occasion, des syntaxes et des maîtresses dévergondées, vous vous croyez capables de réaliser Diogène! Mais, pour faire le journal de Diogène, il faut autre chose que votre fonds d'écoliers; il faudrait nécessairement que vous fussiez spirituels, libres, forts, ardents, vivants et même cyniques! Et vous n'êtes que pédants, lymphatiques, absinthés et étourdis. Allez donc vous coucher!

J.-F. Vaudin.

LA DEMOISELLE DES TUILERIES

Le mois de juillet est, par excellence, le mois des mariages mûrs. A toutes les mairies de Paris sont affichés des mariages d'officiers en retraite avec des demoiselles des Tuileries.

Qu'est-ce que la demoiselle des Tuileries? me direz-vous sans doute.

Ces demoiselles sont un type peu connu et que nous allons nous efforcer de faire connaître : maintenant que le monde a déserté le jardin des Tuileries pour les Champs-Élysées et le bois de Boulogne, cette promenade est devenue la Petite-Provence de l'hymen; on n'y trouve plus que des bonnes d'enfants et des demoiselles des Tuileries.

La demoiselle des Tuileries avoue vingt-cinq ans; elle en a trente bien sonnés. Elle est arrivée à cette époque fatale de la vie d'une demoiselle où l'on dit : « Voilà une femme qui a dû être fort bien. » Elle a usé simultanément les ressources qu'offrent à toutes les demoiselles à marier le salon, le bal, le spectacle et la promenade. Au salon, on la traite avec déférence, mais on la néglige; les hommes lui préfèrent les femmes mariées, même de son âge. Au bal, elle n'a plus que ces invitations de corvée que la maîtresse de la maison impose « à ses petits jeunes gens. » Au spectacle, elle n'a pas la moindre raison pour maîtriser ses émotions; personne ne la regarde. Les Tuileries seules lui restent. C'est là qu'elle peut risquer son Waterloo, et souvent son Waterloo se change en Austerlitz.

La demoiselle des Tuileries n'est pas sans prétentions littéraires; elle a lu tous les romans qui paraissent. On n'a plus de compliments à lui adresser sur sa beauté, il faut qu'on en fasse à son esprit.

Si la demoiselle des Tuileries voit passer à sa portée un bel enfant avec des cheveux blonds, elle l'attire à elle, l'embrasse tendrement et pousse un profond soupir. Ce soupir veut dire : j'aurais été si bonne mère, je ne demandais pas mieux.

La demoiselle des Tuileries appartient aux Tuileries à titre de meuble, comme la statue du Méléagre ou comme celle de Spartacus. Les gardes la saluent en vieille connaissance, les loueuses de chaises causent avec elle. Elle a une mère qui l'accompagne, mais cette mère n'a qu'un rôle passif; c'est le souffre-douleur de sa fille, c'est un chaperon inutile qu'on voudrait faire croire encore nécessaire.

De trente à trente-cinq ans, la demoiselle des Tuileries dissimule la tristesse qui la gagne; elle s'efforce de sourire. Ce sourire, pâle et froid comme un rayon de soleil d'automne, va chercher tout homme de bonne volonté, âgé de cinquante ans au moins et en particulier les officiers en retraite. Avec eux elle est affectueuse, douce, prévenante; il faut qu'on dise d'elle : « Ce serait une agréable société pour mes vieux jours. »

La toilette de la demoiselle des Tuileries est aussi jeune que possible; sa couleur favorite est le rose tendre, qui fait croire à la jeunesse. Il faut que les trente-cinq ans, — c'est-à-dire trente, dans son style, — soient définitivement sonnés et que le tour de sa bouche se teigne d'une ombre légèrement bistrée pour qu'elle passe au jaune, si elle est brune, et au bleu clair, si elle est blonde : les femmes mariées seules portent le rose jusqu'à soixante ans.

Les trente-cinq ans arrivent : oh ! alors, c'est l'énergie du désespoir, c'est une rage, une fureur : la demoiselle des Tuileries s'accroche à tout ; elle est prête à tout ; elle épousera si on le veut, et avec un égal empressement, un jeune homme de dix-huit ans qui veut s'émanciper ou un vieillard qui cherche une garde-malade ; elle consentira à accepter la tutelle des huit enfants d'un veuf ; au besoin elle sera grand'mère le jour de ses noces.

A quarante ans, le rôle de la demoiselle des Tuileries est fini ; elle prend le mariage en horreur : elle est vieille fille et restera vieille fille ; elle aime mieux encore mourir vieille fille, dit-elle, que de risquer son avenir dans une union qui pourrait ne pas être heureuse.

Elle n'est plus demoiselle des Tuileries, elle se retire pour faire place à d'autres. Plaignez-la, car elle a vu tomber feuille à feuille la rose de son bonheur ; elle a passé vingt-cinq ans à rêver d'amour, à espérer, et ce qui lui reste de jours à vivre ne sera plus qu'un long regret, une longue colère contre ceux qui l'ont méconnue.

Heureusement, comme nous le disions en commençant, le nombre des demoiselles des Tuileries diminue en ce moment d'une façon plus heureuse. Le mois de juillet est, pour cette classe intéressante, le moment du mariage. Elles ont semé, depuis le commencement du printemps, des sourires, des soupirs, des mots charmants, de douces coquetteries, elles récoltent un mari en été. C'est le moment où les promenades des Tuileries vont être interrompues par les vacances ; il faut à tout prix triompher ou s'apprêter à recommencer une nouvelle campagne.

Les demoiselles des Tuileries se connaissent toutes et se fuient. Elles se détestent et ne se perdent pas de vue. Lorsqu'une d'elles se marie, toutes les autres l'apprennent aussitôt et leur émulation s'en accroît de toute leur colère. Une demoiselle des Tuileries, qui s'est mariée en septembre, disait à quelqu'un qui reçoit ses confidences qu'en 1860 la chasse avait été bonne, en dépit des nombreux mauvais jours.

Il y a eu en juillet quatre mariages de demoiselles des Tuileries au premier arrondissement, sept au neuvième, deux au huitième et cinq au deuxième.

E. GLORIEUX.

QUELQUES

BEAUTÉS DE LA LANGUE POPULAIRE

La langue populaire est un idiome des plus riches. Par malheur pour la morale, cette richesse n'éclate qu'au moment d'exprimer une faute, un ridicule, ou une passion mauvaise. Si ce n'est plus la langue des voleurs et des assassins, c'est un peu le langage du côté brutal et décevant de la vie.

Prenons l'ivrogne pour exemple. Eh bien! l'ivrogne a le singulier privilége de pouvoir choisir parmi trente-deux substantifs un terme spécial aux phénomènes de son ivresse. Ces trente-deux mots sont les seuls dont nous ayons pu constater la trace, mais il y en a sûrement d'autres qui nous ont échappé, et, qu'on ne s'y trompe pas, ce ne sont pas des synonymes stupides. Chacun a son caractère, sa couleur. Le buveur gai diffère du buveur légèrement ému, tout comme celui-ci n'a rien du pochard, et le pochard se déclarerait humilié si on allait lui dire qu'il a son compte. Il y en a pour tout le monde, de ces généreuses épithètes. Aux visages sanguins et volontiers empourprés appartient le privilége de paraître teintés, allumés, d'avoir leur coup de soleil.

Les apoplectiques, qui passent du rouge au bleu, ont leur cocarde, le bilieux est lancé ou parti, les tapageurs sont dans les brindezingues, les flegmatiques restent dans les brouillards, les nerveux sont attendris; celui qui commande à la matière, se tient roide comme la justice; celui qui, hélas! ne lui peut plus commander, festonne, a sa pente, ou roule, rond comme balle, jusqu'au fossé prochain. Presque aussi riche est le répertoire des voies de fait, une des conséquences les plus ordinaires de l'ivresse.

Voici quelques-unes des phrases les plus intéressantes de la batterie :

Avec la peignée, on se prend aux cheveux, on se croche ensuite à bras-le-corps; avec la valse et la danse sans violons, on trépigne de douleur; avec la dégelée et la frottée, on a l'épiderme bien échauffée; il est endolori après une brossée et une raclée; la rossée vous sangle comme un cheval rétif; la trempe et la rincée vous tordent comme du linge à la lessive; avec la tournée, la tripotée et le travail du casaquin, vous êtes terrassé, à la merci d'un adversaire qui vous pétrit de coups, pour ainsi dire : encore deux secondes, et vous voilà un homme en compote ou démoli. La bûcherie est non moins grave : c'est une série de coups sourds à vous fendre un homme en deux comme une souche.

Et, chose étrange! l'admiration même se trouve sur ce terrain raboteux tout imprégnée de je ne sais quelle brutalité. Vous êtes crânement jolie, fièrement brave, rudement bon, se disent avec la meilleure intention du monde. Un discours éloquent devient un discours tapé; une scène émouvante vous empoigne; une belle action épate le public.

Ce qui paraît aussi se rattacher au même ordre d'idées, c'est la facilité avec laquelle l'homme s'animalise, se mêle à la foule des animaux qu'il commande.

Sa peau devient alors du cuir, ses cheveux du crin, ses favoris des nageoires ou des côtelettes, son visage un mufle, sa bouche un bec ou une gueule, son bras un aileron, ses mains des griffes, le bas de son échine un croupion, ses pieds des pattes ou des arpions.

Si la description de l'espèce amène à la désignation des variétés, on trouve le sot représenté par le daim ou le dindon; le niais par le serin, le buson et le blaireau; l'imbécile par l'huître; l'exigeant par le chien; l'usurier par le vautour; le pingre par le rat; le superbe par le lion; le misanthrope par l'ours; l'homme emporté par le cheval; le bon compagnon par le lapin; l'homme arriéré par le mollusque; la femme légère par la biche, la cocotte ou le chameau. Le castor, le canard, la bécasse, le merlan, le maquereau, l'ourson, le veau, la vache, le tigre, le loup, la couleuvre, la chatte, la vipère, le cloporte, la chouette, le crapaud, la grenouille, la mouche, viennent encore à la file.

La sangsue, le phénix, l'âne et la mule sont classiques, et nous les rappelons pour mémoire. On connaît enfin le rôle que joue mon chat, mon chien, mon canard ou ma poulé dans le vocabulaire de l'amitié, et aux oiseaux dans celui de l'admiration.

Combien les mots de richesse, de crédit et de fortune paraissent fades à côté de cette annonce magique : Il a le sac! — Il a le sac, c'est-à-dire ses écus sont là sous sa main; d'un geste, il les fera luire à vos yeux ces belles espèces sonnantes. Et se fendre, est-ce bien le propre de cet avare qui a le sac, lui aussi, mais qui n'en dénoue jamais la ficelle? Ses écus, ses chers écus, lui constituent pour ainsi dire une seconde enveloppe, une doublure métallique sans issue; il la faudra couper aux jours de largesse, jours tellement inouïs de rareté, qu'on dira au pingre qui en est le héros : Prends garde! si tu te fends, tu vas t'écorcher!

Selon nous, il doit être beaucoup pardonné aux licences du langage populaire, en raison de la souffrance et de l'amertume profondément ironique que décèlent beaucoup de ces termes. C'est ainsi que la plèbe parisienne a trouvé, selon nous, un mot saisissant pour désigner certains quartiers où la misère a fait élection de domicile. On les appelle *quartiers souffrants*.

Je me rappellerai toute ma vie du jour où j'entendis prononcer ce nom pour la première fois. C'était en omnibus. Le conducteur, un gai compagnon, charmait par divers lazzis la monotonie du devoir qui l'obligeait à décliner tout haut le nom de certaines rues. A l'instant où son véhicule quittait la sombre rue des Noyers pour traverser la place Maubert, autour de laquelle rayonnaient alors vingt ruelles noirâtres où grouillait la plus misérable population, voilà notre homme qui s'écrie : Place Maubert, rue Saint-Victor, Panthéon ; il n'y a personne pour le Quartier souffrant ! Et une pauvre vieille, hâve, déguenillée, se dressa péniblement et descendit à cet appel comme une justification vivante de l'épithète.

Les synonymes significatifs de dur, roide, tord-boyeaux, casse-poitrine disent assez comment les malheureux en sont venus à nommer consolation un verre d'eau-de-vie. Ce n'est pas la boisson en elle-même qu'ils recherchent, car ils en connaissent les tristes effets, c'est un étourdissement momentané, c'est une consolation fictive. N'être pas méchant et avoir du vice sont également deux expressions cousines qui valent un livre sur le moyen de parvenir. Vous voulez arriver, faites-vous craindre. Le naïf qui ne mord pas, qui n'est pas méchant, reste sans valeur aux yeux du prochain. Si vous avez du vice, vous saurez exploiter ceux des autres ; c'est une garantie d'avenir.

Heureusement, l'usage de dire : ça n'est pas drôle ! en présence d'un grand malheur, est là pour neutraliser le côté attristant du tableau que nous venons d'offrir. Ça n'est pas drôle prouve que la vieille gaieté française est impérissable. Il n'y a de réellement fâcheux que ce qui ne peut lui offrir un côté plaisant, et Dieu sait où elle ne vient pas à bout de le découvrir.

LORÉDAN LARCHEY.

LE PREMIER PRINTEMPS

Je me trouvais l'autre soir chez un de mes amis, un peintre d'un grand talent et dont les lithographies typiques sont fort recherchées. — Ceci est pour expliquer que le salon était plein d'artistes et qu'on y causait avec l'entrain et la gaieté qu'on ne trouve guère que dans ce monde à part. — Il se fit tout d'un coup un profond silence. — Un grand jeune homme blond s'était approché du piano et en attaquait vigoureusement les touches.

— Quel est ce monsieur? demandai-je à mon voisin.

— Emmanuel Baumann, me fut-il répondu, un pianiste dont l'exécution est remarquable, mais qui est, à mon avis, encore plus fort comme compositeur. Vous allez en juger, du reste, il va nous jouer une œuvre inédite.

J'avais entendu parler du jeune artiste, je remerciai mon voisin et me retirai dans un coin pour écouter plus à mon aise.

Il avait commencé. — Des notes s'échappaient de ses doigts fines et drues comme l'herbe des prés, nuancées comme des soupirs de jeune fille, suaves comme si elles avaient effleuré des abeilles rentrant à la ruche chargées de butin.

J'écoutais, et il me semblait qu'une partie de mon être se détachait pour aller voler au blond pays de la fantaisie.

Baumann jouait une mélodie intitulée le *Premier Printemps*. — Quand il eut fini, je m'approchai et lui racontai cette légende créée par son œuvre.

Il me pria de la lui écrire, et voilà pourquoi, lecteur, tu es exposé à lire ces lignes, filles du rêve et de l'harmonie.

Le bon Dieu avait créé le ciel et la terre. — Le soleil venait

la réchauffer, et à ses rayons se prélassaient les arbres, les arbustes et les plantes. — Le monde végétal vivait seul. — Et tous ces êtres chantaient le matin, au lever de l'astre divin, l'hymne de la reconnaissance, à son déclin, celui du retour, et tout s'endormait dans la nature. Or il arriva que sous cette température uniforme, sous cette chaleur égale et suave, les végétaux s'endormaient quelquefois plus tôt et s'éveillaient plus tard. — Les jouissances leur venaient sans peine, et ils ne pouvaient en apprécier la valeur. — Un matin, ils oublièrent de chanter au bon Dieu l'hymne accoutumé de la reconnaissance. — Le soleil était au zénith quand ils voulurent commencer leurs murmures harmonieux. — Mais il était trop tard, le bon Dieu n'était plus le bon Dieu. — C'était Dieu créateur, justement irrité de l'ingratitude des créatures, et dans sa colère il avait dit : — « Ils mourront. » — Les légions d'anges qui peuplent le ciel étaient plongées dans le chagrin ; — les trônes, les dominations, les chérubins erraient attristés dans le firmament silencieux. Les séraphins inoccupés avaient replié leurs blanches ailes et s'étaient assis au pied du trône céleste, contemplant d'un air morne leurs harpes d'or, déposées oisives à leurs pieds. — Tous étaient consternés dans le ciel, nul n'osait élever la voix. Dieu était seul alors. — La sainte vierge Marie n'était pas encore là pour implorer sa puissance en faveur des malheureux. — Le Saint des saints était inviolablement fermé à tous les anges. — A ce moment un murmure s'éleva d'un coin du ciel et vint frôler les cordes des harpes qui rendirent un son harmonieux et plaintif.

Tout était prêt dès lors pour la création des animaux d'abord, de l'homme ensuite, et Dieu avait relégué dans une petite étoile les âmes des enfants qui devaient seulement passer quelques heures sur cette terre et naître et mourir sans péchés. — Or, c'étaient ces pauvres âmes déshéritées qui, dans leur infortune passagère, avaient trouvé le courage de demander grâce pour les coupables. — Ces plaintes avaient le calme de la résignation et la douceur de l'innocence, et elles chantaient ainsi : « Nous avons été créées pour naître et mourir ; — pour vivre sur la terre sans savoir ses joies, pour rentrer au ciel sans connaître ses béatitudes. — Le malheur est notre partage. — Seigneur, puisqu'il a plu à votre puissance qu'il y ait des malheureux, Seigneur qui nous avez créés, contentez-vous de nos larmes; pardonnez à ceux qui vous ont offensé, et laissez-nous déposer aux pieds de votre gloire nos joies ineffables si nous avons pu fléchir votre colère. — Laissez-nous vous bénir, Seigneur, et vous aimer. »

Le bon Dieu avait écouté, et il avait été ému de ce cantique de douleurs résignées. — Le Souverain Maître du monde ne pouvait pas se déjuger; puis il avait un regret profond de cette œuvre sublime qu'il allait détruire. — Un séraphin alors monta quelques degrés du trône, voila sa face de ses blonds cheveux, et se tint prêt sans plus attendre pour aller accomplir les nouveaux ordres du Seigneur, — et Dieu sourit, et des flots d'harmonie s'échappèrent de sa bouche. « Allez, Misraïm, trouver les coupables, dites-leur que je pardonne; — dites-leur qu'ils *mourront*, mais seulement pendant trois fois le temps que met la lune à parcourir la terre. Allez vite, il le faut, quand on est porteur de la joie qui fait évanouir la douleur. » Misraïm déploya ses ailes et disparut.

Dieu venait de créer le premier hiver, le sommeil, et, par suite, le réveil, le premier printemps.

H. Dondey Dupré.

LA FÊTE DE MONTMARTRE

Pétards et feux d'artifice, tambours et mirlitons, c'est la fête de Montmartre. Plus que toutes les fêtes des environs de Paris, la Saint-Pierre de Montmartre mérite qu'il soit fait mention d'elle. Elle est folle, gaie, turbulente et joyeuse à l'excès; les montagnards de la rue Berthe et de la place de de l'Église y viennent avec le costume traditionnel du pays : un pantalon, des souliers vernis, un gilet, un paletot et un chapeau à haute forme. Au premier abord, ce costume paraît à peu près ressembler au costume banal que tous nous portons journellement. Eh bien non! Il a son cachet montmartrien, que nul ne lui peut enlever, il a son accent bien personnel, sa coupe particulière. Car, malgré la suppression des anciennes barrières, Montmartre est resté Montmartre; c'est un pays à part, voisin de Paris, comme le Val d'Andorre qui touche à la France et à l'Espagne, et cependant refuse d'être Espagnol et ne consent à devenir Français qu'à l'Opéra-Comique, dans la prose de M. de Saint-Georges. Autre part qu'à Montmartre, montrez-moi le bal des Folies-Robert, montrez-moi le Petit-Ramponneau? Pour le bal des Folies-Robert, vous m'offrirez la Closerie des Lilas, mais ce ne sera pas la même chose; d'abord Robert est grêlé et M. Bullier ne l'est point. Pensez-vous aussi que Désiré Baurain soit un restaurateur du même ordre que le restaurateur du Petit-Ramponneau? En ce cas vous êtes dans l'erreur. Montmartre est Montmartre, et il donne des fêtes où il invite Paris, voilà tout.

L'art dramatique a sa large part dans la fête de Montmartre. Des acteurs, aussi en bois que possible, y jouent la *Tour de Nesle* avec des allures romantiques qui devraient donner à réfléchir aux sociétaires du Théâtre-Français, lorsqu'ils font de *On ne badine pas avec l'amour* une comédie bourgeoise qui n'offense plus les délicatesses legouvéennes de M. Samson. Certes, je suis loin de prétendre que la *Tour de Nesle* jouée sous une tente, à deux pas de la femme à la barbe et de la jeune fille belle comme le jour, venue au monde à dix-huit ans avec des cheveux blancs, soit positivement l'idéal de perfection vers lequel doivent tendre nos efforts; Buridan agitait peut-être le bras droit avec une sauvagerie trop marquée, et Marguerite de Bourgogne abusait du rouge, duquel il faut user, mais sans excès; Orsini était fort bien : il est rare de rencontrer un traître mieux articulé et possédant une aussi jolie chevelure. L'ensemble de la pièce péchait aussi quelquefois, mais allez donc jouer sérieusement la comédie devant un public qui n'a plus de foi et qui interrompt l'ouvrage aux beaux endroits pour demander un sucre d'orge! Les demoiselles aux robes à volants plus nombreux que les sables de la mer, et dont la vertu est peut-être contestable, venues du quartier des Martyrs et même du quartier de l'Odéon, ne sont point des spectatrices sérieuses. Leurs cheveux, tellement parfumés qu'ils ont fait la fortune de M. L. T. Piver, produisent un effet charmant sous les petits filets de pourpre et d'or; les corsages de leurs robes ont des audaces qui font regarder comme bien peu de chose le dôme du Panthéon; leurs yeux, légèrement ombrés, ont l'éclat des métaux en fusion, mais, encore une fois, il est impossible, même à des comédiens de bois, de prendre l'art dramatique pour un sacerdoce en leur présence. Puis elles prêtent une attention bien plus soutenue aux ballons multicolores qu'aux jeux de Thalie. A peine jettent-elles un regard distrait sur les Alcides qui jonglent avec des poids de quinze cents kilos. Que voulez-vous attendre de ce public frivole qu'enivrent et l'ardeur de la vingtième année, et la musique des goussets garnis qu'il faut dégarnir.

Pour moi, amoureux quand même du bel art qui s'en va, j'ai admiré surtout une danseuse de corde, que déjà il m'avait été donné d'applaudir devant la grille du Luxembourg, où elle sautait près du maréchal Ney, charmé à ce point qu'il en a conservé une bouche admirative béante et un bras en l'air, ce qui est le signe du plus complet enthousiasme. Pour ma dan-

seuse, point de loge, rien que deux triangles de bois plantés fortement en terre, une corde roide, un balancier, et, pour orchestre un petit garçon jouant du tambour avec accompagnement d'orgue de Barbarie. Il la fallait voir avec ses cheveux noirs plaqués sur le front, ses robustes épaules et ses jambes solides, découvertes par le jupon en velours noir semé de paillons. Quel oiseau! C'était une danse folle, irrégulière, pleine de passion et de démence; une succession de grands écarts, de pirouettes, de tours sur elle-même, d'élans furibonds vers les nues. Elle provoquait le vertige, elle défiait le danger, elle insultait les dieux, qui ne la foudroyaient pas, occupés qu'ils étaient en ce moment à relire avec une légitime indignation les *Jeudis de madame Charbonneau*, et à ne pas arranger les affaires de M. Marc Fournier, directeur du *Pied de Mouton*, et chargé de la prompte fermeture du théâtre de la Porte-Saint-Martin.

Plus loin, on dansait, non plus sur la corde, mais sur un terrain foulé par mille pieds impatients de bondir et de soulever la poussière. On a parlé beaucoup de la danse moderne, qui ne se danse pas dans les riches salons, et je crois qu'il serait bien difficile de la définir. Ce n'est pas absolument la chasteté qui la distingue; mais pourquoi la danse en plein air serait-elle chaste? Ce qui est vertu chez Pénélope n'est pas de mise chez les admiratrices de Finette à la mèche tortillée; M. Léon Laya n'écrit point comme Alfred de Musset; la fête de Montmartre n'est pas un pensionnat de jeunes demoiselles, donc la danse orageuse a raison d'être.

Des lignes qui précèdent on pourrait tirer de hautes conclusions morales et philosophiques, mais à quoi bon? la fête est terminée, on a balayé les bouts de sucre d'orge, et les saltimbanques ont replié leurs tentes; oublions ces vanités.

ALBERT GLATIGNY.

LA
COMÉDIE SOCIALE AU DIX-NEUVIÈME SIÈCLE

LE SIÈCLE DU SUICIDE

On pourra appeler notre siècle le « siècle du suicide. » La furie du suicide semble s'être emparée de l'espèce humaine, qui se condamne elle-même à mort... Consultez plutôt cette note que presque tous les journaux insérèrent en 1857, et que nous donnons dans son éloquence toute concise.

« On a calculé que, depuis le commencement du siècle, le nombre des suicides en France ne s'élève pas à moins de « trois cent mille! » Et cette évaluation est peut-être en deçà de la vérité, car la statistique ne fournit des résultats complets qu'à partir de l'année 1836. De 1836 à 1852, c'est-à-dire dans une période de dix-sept ans, il y a eu 52,126 suicides, soit en moyenne 3,066 par année. »

Trois cent mille suicides en France depuis le commencement du dix-neuvième siècle!

Personne ne daigna accompagner de quelques appréciations morales cette effroyable hécatombe de désespérés, et l'on continua son chemin. Continuons le nôtre; nous ferons volte-face tout à l'heure.

« En vingt-sept ans, de 1826 à 1853, le nombre des suicides a été, en France, de 71,416. En 1858, on a compté 3,050 suicides, dont 853 femmes et 3,905 hommes; enfin, suivant la dernière statistique que nous ayons vue, dans le cours de l'année 1859, 3,899 personnes se tuèrent, savoir : 3,057 hommes et 842 femmes. »

La statistique démontre que le nombre des suicides augmente chaque année. Cette chère et douce civilisation marche dans la progression du meurtre et du désespoir.

Les causes du suicide sont diverses autant que les moyens employés pour se débarrasser de la vie. Dans le catalogue funèbre, on compte des riches qui s'ennuient de la richesse, des ambitieux déçus, des ouvriers sans ouvrage, des spéculateurs qui ont joué à la hausse le jour où la bourse a baissé, des gens atteints d'aliénation mentale, des malades vaincus par l'excès de la douleur, des jaloux, des époux malheureux en ménage, beaucoup de femmes séduites, enceintes et abandonnées, et des poëtes misérables s'écriant comme Gilbert au lit de mort de l'hôpital :

Au banquet de la vie infortuné convive,
J'apparus un jour et je meurs.
Je meurs ! Et sur la tombe où lentement j'arrive
Nul ne viendra verser des pleurs !

Les suicides ne se limitent pas à telle ou telle classe, à telle ou telle position sociale. Riches et pauvres, grands et petits fournissent leur contingent à ce minotaure des sociétés modernes. Des personnes qui jouissent d'une grande fortune, qui se sont donné une peine infinie, ont trimé vingt ou trente ans pour jouir d'un bien-être, se brûlent un beau jour ou une belle nuit la cervelle. La fortune qu'ils avaient tant désirée leur a laissé le cœur vide. Ils avaient cru naïvement que la richesse allait leur donner par surcroît l'esprit, le courage, la considération, le repos, le bonheur. Pauvres fous !

A Paris, les suicides sont si fréquents qu'ils éveillent à peine la curiosité de la grande ville insoucieuse. On relève les cadavres, on les transporte à la Morgue, et tout est dit. Les journaux de Paris enregistrent chaque jour le butin des suicidés. Les Parisiens n'y vont pas de main morte; ils se jettent à l'eau, s'étranglent, se coupent la gorge, s'asphyxient, se poignardent et se brûlent la cervelle avec une incroyable rage.

Une grave question philosophique a été posée à propos du suicide. A-t-on le droit de se tuer? Cette question prête tellement à la controverse que madame de Staël a dû écrire un mémoire contre le suicide pour se réfuter elle-même, car elle en avait fait l'apologie dans son ouvrage sur l'*Influence des passions*, et que Rousseau, dans sa lettre de la *Nouvelle Héloïse*, a pu persifler et célébrer le suicide avec la même éloquence.

« Pourquoi serait-il permis de se faire couper la jambe, dit Rousseau dans sa lettre « pour le suicide, » s'il ne l'était pas de s'ôter la vie? La volonté de Dieu ne nous a-t-elle pas également donné l'une et l'autre? »

Malheureusement, Rousseau devait aussi interpréter un jour pour son propre compte la volonté divine. Accablé de dégoût, fatigué d'une vie de luttes et de déceptions, il succomba à la tentation et se tua d'un coup de pistolet au front.

« Le désespoir de Rousseau, — c'est madame de Staël qui parle, — fut causé par cette sombre mélancolie, par ce découragement de vivre qui peut saisir tous les hommes isolés, quelle que soit leur destinée. Son âme était flétrie par l'injustice; il était effrayé d'être seul, de n'avoir pas un cœur auprès du sien, de n'inspirer ni de ne ressentir aucun intérêt, d'être indifférent à la gloire, lassé de son génie, tourmenté par le besoin d'aimer et le malheur de ne pas l'être. — Être deux dans le monde calme tant de frayeurs! Les jugements des hommes et de Dieu même semblent moins à craindre alors. Rousseau s'est peut-être permis le suicide sans remords, parce qu'il se trouvait trop seul dans l'immensité de l'univers. On fait si peu de vide à ses propres yeux, quand on n'occupe pas de place dans un cœur qui nous survit, qu'il est possible de compter pour rien sa vie. Quoi! l'auteur de *Julie* est mort pour n'avoir pas été aimé! Un jour dans ces sombres forêts, il s'est dit : — Je suis isolé sur la terre, je souffre, je suis malheureux, sans que mon existence serve à personne; je puis mourir. »

Je ne suis pas de l'avis de madame de Staël, trop femme

dans son appréciation des motifs du suicide de Rousseau. L'auteur d'*Émile* n'est pas un Werther dont le bras est armé par un désespoir d'amour; il aurait plutôt subi le mâle découragement, si je puis m'exprimer ainsi, d'un Caton trop fier pour survivre à la liberté. Rousseau las de vivre au milieu d'une société servile et corrompue comme celle du dix-huitième siècle, devait se laisser aller sur la pente fatale du dégoût de la vie. Il y a eu un homme au commencement du dix-neuvième siècle qui a eu la *malaria* de « l'inutilité de l'existence; » c'est M. de Senancour; il fait parler Obermann ainsi :

« L'homme de bien ne quittera pas la vie tant qu'il pourra être utile. Être utile et être heureux sont pour lui une même chose. S'il souffre et qu'en même temps il fasse beaucoup de bien, il est plus satisfait que mécontent. Mais quand le mal qu'il éprouve est plus grand que le bien qu'il opère, il peut tout quitter. Il le devrait quand il est inutile et malheureux, s'il pouvait être assuré que sous ces deux rapports son sort ne changera pas. On lui a donné la vie sans son consentement; s'il était encore forcé de la garder, quel bien lui resterait-il? Il peut aliéner ses autres droits, mais jamais celui-là; sans ce dernier asile, sa dépendance est affreuse. Souffrir beaucoup pour être un peu utile, c'est une vertu qu'on peut conseiller dans la vie, mais non un devoir qu'on puisse prescrire à celui qui s'en retire. L'homme est souvent admirable en supportant sa vie, mais ce n'est pas à dire qu'il y soit toujours obligé. »

Obermann est le chantre du découragement. — Là n'est pas la vérité. L'homme n'est jamais inutile en ce monde, et si l'on comprend à l'état d'exception des suicides comme ceux de Caton et de Rousseau fuyant dans un autre monde le servage et la corruption après avoir courageusement lutté ici-bas pour le triomphe du bien et de la liberté, on ne doit pas poser en principe l'inutilité de la lutte contre la douleur ou contre le sort. Ce qu'il y a de certain, c'est que jusqu'à un certain point, la société est responsable des suicides, car l'homme qui a la possession d'une destinée en rapport avec ses facultés, suivant la belle expression de madame de Staël, ne songe pas à s'en aller.

Obermann n'a pas trop le droit de s'élever contre le suicide, puisqu'il s'est suicidé lui-même par sa désespérance absolue On peut fort bien se suicider sans prendre de poison ou se jeter à l'eau. Un individu démoralisé est déjà mort moralement; les principes de liberté et de justice qui le vivifiaient ayant été oblitérés en lui, il ne reste plus que son cadavre et sa guenille, fort peu de chose en vérité. Dans ce cas, il importe peu que ce cadavre tombe au fond de l'abîme ou se tienne debout quelque temps.

Presque toutes les âmes humaines qui ont glissé sur la pente du suicide ont commencé par la démoralisation, par l'oubli des vrais principes et du but de l'existence; aussi appellerons-nous plutôt l'attention des philosophes sur la « perte du sens moral, » symptôme effrayant de notre temps, que sur les accidents violents, ceux-ci n'étant qu'une conséquence du trouble intellectuel. Les hommes d'aujourd'hui ont fort peu d'âme; leurs instincts sont faussés; l'égoïsme les a envahis; leur vue est troublée par de misérables passions. Pourquoi s'étonner qu'ils se débarrassent de la vie, quand il faut lutter sérieusement?

Nous résumerons dans les quatre points nos considérations d'ordre moral sur ce triste et grave sujet, et nous dirons :

1° Que la furie des suicides comparable aux plus mauvais jours de l'antiquité dégénérée, et commune à toutes les classes de la société prouve que le grand ressort moral de l'homme est détendu;

2° Qu'il est temps de ramener notre époque dévoyée aux grands principes du droit et du devoir, au culte de l'idée, au sentiment de la responsabilité de l'homme, à la maxime sainte de nos pères de 89 : « Fais ce que dois, advienne que pourra. »

3° Qu'il faut redoubler de charité, de fraternité, de sympathie sociale pour arrêter les désespérés de la société dans l'abîme où ils se jettent à l'envi...

4° Que si nous n'étions pas voués au culte des intérêts matériels, si nous ne mettions pas notre âme dans notre bourse, si nous ne méprisions pas ce qu'il y a de bon et de beau dans la vie : l'intelligence, l'amour, les sympathies sociales, la liberté, le dévouement à autrui, nous ne nous tuerions pas avec cette frénésie idiote. Le suicide n'a rien à voir avec la raison, et n'est qu'un signe trop manifeste de décadence morale.

BENJAMIN CASTINEAU.

BOCAGE

Il était une fois, en la ville de Rouen, et dans le premier quart du siècle où nous avons l'honneur de vivre, un jeune garçon nommé Pierre Martinien. Comme il était plein d'intelligence et de beauté, de volonté et de flamme, ses parents, qui le voulaient gros manufacturier, en firent un ouvrier cardeur, en état de gagner dix sous par jour; et, comme c'est un devoir d'obéir à ses parents, Pierre écoutant son rêve d'être comédien, vint à Paris s'essayer au Conservatoire. Il y échoua complétement. Une vocation sincère résiste à tout. Après avoir été expéditionnaire à la Guerre et quatrième clerc d'huissier, Pierre retourna à Rouen, où on le vit commis épicier... jusqu'à ce que, devenu raisonnable, il suivit une troupe nomade. Elle le ramena de Rouen à Paris, en passant par diverses contrées des quatre parties du monde.

Là finit la légende de Pierre Martinien, dit *Bocage*. — Ici l'histoire commence.

Bocage est réellement né à Paris, au théâtre de la Porte-Saint-Martin, sur le champ de bataille du romantisme, le soir de la victoire d'*Antony*. Il a existé ensuite dans *Marion Delorme*, dans *Buridan*, dans *Pinto*, *Angèle*, *Shylock*, *les Sept Enfants de Lara*, *le Brigand et le Philosophe*. *Teresa*, *Jarvis*, *Riche et Pauvre*, et dans l'admirable père Remy de l'admirable drame *Claudie*, de George Sand. Il a continué de vivre et de vaincre dans *l'Incendiaire*, à l'Ambigu-Comique, et dans *Ango* et dans *Christophe le Suédois*.

A l'Odéon, il a animé *Antigone*, *la Main droite et la Main gauche*, *Lucrèce*, *Agnès de Méranie*, *Diogène*, *Échec et Mat*, *l'Univers et la Maison*. Il a créé au Théâtre-Français *la Vieillesse de Richelieu*, et *Molière* à la Gaîté, et au Vaudeville le *Marbrier*. — Quelle nomenclature! Ne peut-on pas dire : Quel armorial!

Bocage possédait à un haut degré la passion, la tendresse, l'énergie, la souplesse, la dignité, et ces qualités, il les revêt d'une originalité saisissante. Ces qualités, il les prouve depuis qu'il s'est révélé! Pourquoi?

Bocage est le seul artiste dramatique de la splendide époque qui suivit 1830 qu'on cite à côté de Frédérick et Marie Dorval et mademoiselle Georges. A eux quatre, ils ont aidé comme des collaborateurs puissants au mouvement littéraire dont nous suivons encore l'impulsion aujourd'hui; à eux quatre, ils sont encore le modèle et l'enseignement des comédiens qui les suivent.

Mais Bocage a fini sa carrière à Paris le 31 août 1862. Il venait de remporter un nouveau triomphe dans les *Beaux Messieurs de Bois Doré*, de George Sand et Paul Maurice. Comme Molière, il a joué jusqu'à son dernier jour.

ÉDOUARD PLOUVIER.

BOUGIVAL, LUCIENNES

Que d'artistes et de littérateurs affluent chaque année à Bougival! Combien de fois, à l'exemple de Français et de Célestin Nanteuil, des peintres ont posé leurs chevalets sur la plage, et cherché dans ce riche écrin des paysages aussi beaux que variés! Quand le jour baisse, ils se rencontrent chez le restaurateur. Souvent avec les voiliers et canotiers, las de leurs exploits nautiques. Que de saillies, de refrains, de calembours, sont commis chez Souvent! C'est chez lui que Fernand Desnoyers, cet aimable et insoucieux poëte, a improvisé ces suaves couplets, si véritablement spontanés, si remplis de fraîcheur et de couleur locale.

C'est près du pont de Chatou
Qu'on verrait sans peine
Couler ses jours jusqu'au bout
Au gré de la Seine!
Là, dans la fraîcheur du soir,
Sur la berge vient s'asseoir

Madame Fontaine
O gué!
Madame Fontaine.

Nous revenions en bateau
D'une île prochaine;
Le soleil brouillait dans l'eau
Sa figure pleine...
Qu'il est chaud, qu'il est joyeux,
Le rayon qu'a dans les yeux

Madame Fontaine
O gué!
Madame Fontaine.

Dans l'onde les avirons,
  Relevés à peine,
Plongeaient en faisant des ronds.
  Et, de leur antienne,
Accompagnaient la chanson
Que chantait, en bon garçon.

  Madame Fontaine
    O gué!
  Madame Fontaine.

On voyait petiller l'or
  Des blés dans la plaine;
Mais de grands saules au bord
  De l'eau riveraine
Formaient, penchés sur le jour,
Une verte ombrelle pour

  Madame Fontaine
    O gué!
  Madame Fontaine.

La demoiselle, sur l'eau,
  Changeante, incertaine,

Suivait, longeait le bateau;
L'eau verte et sereine
Dans son limpide miroir
Nous faisait doublement voir

Madame Fontaine
O gué!
Madame Fontaine.

Les prés, les vallons, les bois,
Déroulaient leur chaîne;
La brise apportait, parfois,
Leur champêtre haleine;
Notre canot avançait,
Et doucement balançait

Madame Fontaine
O gué!
Madame Fontaine.

Touffus, montant jusqu'aux cieux,
Bougival, Lucienne,
Verdoyaient devant nos yeux;
Notre capitaine

A dîner nous invitait...
Ce gentil patron, c'était

Madame Fontaine
O gué!
Madame Fontaine.

A Bougival, chez Souvent,
Qu'il vous en souvienne!
Il faut qu'on aille, et souvent
Il faut qu'on revienne!
Qu'il fut de dîners suivi
Le dîner que nous servit

Madame Fontaine
O gué!
Madame Fontaine.

Du soleil, de l'air, de l'eau!
Que Dieu me ramène
Dans ce lumineux tableau,
Dont ma vue est pleine!...
Je vois toujours, au milieu
Des champs verts, sur un fond bleu,

Madame Fontaine,
O gué!
Madame Fontaine.

En vertu d'un décret du 27 janvier 1858, deux ponts qui se complètent l'un l'autre ont été construits sur la Seine entre Bougival et Croissy.

Le chemin de la Princesse, ainsi nommé parce qu'il aboutissait jadis au château de la princesse de Conti, conduit de Bougival à Luciennes ou Louveciennes. Une route plus praticable aux voitures a été ouverte en 1854, et rejoint la première près du village de Voisins.

Dans les premiers siècles de nôtre ère, Luciennes s'appelait *mons Lupicinus*, probablement à cause des loups qui hantaient les grands bois dont la montagne était couverte. Son territoire fit partie des immenses domaines de l'abbaye de Saint-Denis.

Au dix-septième siècle, le comte du Puy et Marie-Thérèse de Bourbon, princesse de Conti, avaient à Luciennes des maisons de campagne.

Oger de Cavoye, grand maréchal des logis de Louis XIV, fut un des habitants de Luciennes. « C'était, dit Saint-Simon, un des hommes de France le mieux fait et de la meilleure mine, et qui se mettait le mieux; il en profita auprès des dames et se battait fort, malgré les édits : Cavoye, brave et droit, s'y acquit tant de réputation, que le nom de brave Cavoye lui en demeura. Mademoiselle de Coëtlogon, une des filles de la reine Marie-Thérèse, s'éprit de Cavoye, et s'en éprit jusqu'à la folie. Elle était laide, sage, naïve, animée et très-bonne créature. Personne ne s'avisa de trouver son amour étrange, et, ce qui est un prodige, tout le monde en eut pitié. Elle en faisait toutes les avances. Cavoye était cruel et quelquefois brutal; il en était importuné à en mourir. Tant fut procédé, que le roi et même la reine le lui reprochèrent et qu'ils exigèrent de lui qu'il serait plus humain. Il fallut aller à l'armée, où pourtant il ne passa pas les petits emplois. Voilà Coëtlogon aux larmes, aux cris, et qui quitte toutes parures tout du long de la campagne, et qui ne les reprend qu'au retour de Cavoye. Jamais on ne fit qu'en rire. Vint l'hiver un combat où Cavoye servit de second et fut mis à la Bastille; autres douleurs, chacun alla lui faire compliment. Elle quitta toute parure et se vêtit le plus mal qu'elle put. Elle parla au roi pour Cavoye, et, n'en pouvant obtenir la délivrance, elle le querella jusqu'aux injures. Le roi riait de tout son cœur; elle en fut si outrée, qu'elle lui présenta ses ongles, auxquels le roi comprit qu'il était plus sage de ne pas s'exposer. Il dînait et soupait tous les jours en public avec la reine. Au dîner, la duchesse de Richelieu et les filles de la reine le servaient. Tant que Cavoye fut à la Bastille, jamais Coëtlogon ne voulut servir quoi que ce fût au roi : ou elle l'évitait, ou elle le refusait tout net, disant qu'il ne méritait pas qu'elle le servît. La jaunisse la prit, les vapeurs, les désespoirs, enfin tout fut procédé, si bien que le roi et la reine exigèrent bien sérieusement de la duchesse de Richelieu de mener Coëtlogon voir

Cavoye à la Bastille, et cela fut répété deux ou trois fois. Il sortit enfin, et Coëtlogon, ravie, se para tout de nouveau; mais ce fut avec peine qu'elle consentit à se raccommoder avec le roi. La pitié et la mort de M. de Frenlay, grand maréchal des logis, vinrent à son secours. Le roi envoya querir Cavoye, qu'il avait déjà tenté inutilement sur ce mariage. Cette fois, il lui dit qu'il le voulait, qu'à cette condition il prendrait soin de sa fortune; que pour lui tenir lieu de dot avec une fille qui n'avait rien, il lui ferait présent de la charge de grand maréchal des logis de sa maison. Cavoye renifla encore, mais il y fallut passer. »

Cavoye n'eut pas lieu de s'en repentir; il finit par aimer celle qui lui était si dévouée. Ils n'avaient à Luciennes que l'élite de la cour.

Pour agrandir son domaine, Cavoye eut encore la faculté de l'étendre jusqu'à la Seine; mais les propriétaires refusèrent de lui céder leurs terrains. Louis XIV intervint au mois de janvier 1700, et acheta les terres placées entre la maison de Cavoye et le fleuve.

Après la mort des deux époux, qui s'étaient fait donation mutuelle de leurs biens, Louis XV acquit le château de Cavoye. Il le donna en viager à Marie-Victoire, comtesse douairière de Toulouse, puis à Louis-Jean-Marie, duc de Penthièvre; mais celui-ci eut la douleur d'y voir mourir son fils, le prince de Lamballe, né le 6 septembre 1747, et il rendit son château au roi.

Madame Dubarry l'obtint de son amant; cette femme, célèbre parce qu'elle approcha du trône, mais qui n'était en somme qu'une vulgaire courtisane, était la fille d'un commis de la ferme, nommé Gomart Vaubernier. Elle était née en 1744, à Vaucouleurs, patrie de Jeanne Darcq. Par les soins de son parrain, Billard-Dumonceau, munitionnaire de l'armée, elle fut élevée dans la communauté de Sainte-Aure, dirigée par l'abbé Grisel. On la voit employée dans le magasin de modes du sieur Latilh, sous le pseudonyme de mademoiselle Lançon, puis sous celui de mademoiselle Lange. Produite dans le monde interlope par un certain Guillaume Dubarry, aventurier gascon, Lebel, valet de chambre de Louis XV, la met en relation avec le roi; elle est mariée, le 1er septembre 1768, à la paroisse Saint-Laurent; présentée à la cour par la comtesse de Béarn, le 22 avril 1769, et favorite en titre depuis cette époque jusqu'à la mort du roi.

Ce fut en 1770 que lui fut donné le château où le prince de Lamballe avait rendu le dernier soupir. A l'extrémité du jardin, du côté de la Seine, dans une admirable position, elle fit construire une délicieuse retraite, dont tout Paris s'occupa pendant plusieurs années. Voici comment Bachaumont en parle, à la date du 2 juillet 1772 :

« Les curieux vont en foule voir le pavillon de Luciennes de madame la comtesse Dubarry; mais n'y entre pas qui veut, et ce n'est que par une faveur spéciale qu'on pénètre dans ce sanctuaire de volupté. On sait que ce bâtiment est du sieur Ledoux, jeune architecte qui a beaucoup de talent pour la décoration, de belles idées, mais quelquefois disparates, et dans lesquelles il ne conserve pas assez l'unité, qualité essentielle dans toute production. Le pavillon est un carré sur cinq croisées de face en tous sens; il est situé sur une hauteur considérable d'où l'on jouit d'une des vues les plus étendues et les plus riches qu'on puisse avoir; la rivière qui, par un double contour, serpente en fer à cheval au pied de la montagne, ne contribue pas peu à l'agrément du spectacle. Le bâtiment est précédé par une avant-cour trop vaste peut-être pour l'édifice; il s'annonce par un péristyle de quatre colonnes simples dans le goût antique. Le fond en est orné par un bas-relief du sieur Lecomte, représentant une bacchanale d'enfants.

« L'intérieur est composé d'un vestibule servant de salle à manger, avec un réchauffoir à gauche et des gardes-robes à droite; d'un salon, de deux salons de côté; il n'y a point de chambre à coucher. Dans le vestibule sont quatre petites tribunes pour placer les musiciens de madame la comtesse, car elle a depuis quelque temps une musique à elle. Le total de cette distribution est monotone, incommode, et ne fait point d'honneur à l'invention du sieur Ledoux.

« Les artistes les plus renommés se sont efforcés d'enrichir de leurs productions un séjour aussi délicieux; le plafond d'un des salons de côté est du sieur Briard; la devise en est: *Ruris amor*, et représente les plaisirs de la campagne. De l'autre côté, c'est un ciel vague, et quatre grands tableaux du sieur Dragonard, qui roulent sur des amours de bergers, et semblent allégoriques aux amours de la maîtresse du lieu : ils ne sont pas encore finis. Il y a de très-beaux morceaux de sculpture, mais qui doivent s'exécuter en marbre, et ne sont que modelés. C'est moins dans ces chefs-d'œuvre du grand genre que l'art semble s'être surpassé, que dans les ornements de détail les plus minutieux, tels que les chambranles des chéminées, les corniches, les bas-reliefs, les pilastres, les morceaux de dorure et d'orfévrerie, les serrures, les espagnolettes; et pas une de ces productions qui ne soit achevée, finie, qui ne soit à montrer comme un modèle de ce que l'industrie peut enfanter de plus précieux et de plus exquis. Il résulte de l'admiration de tant de beautés légères, fragiles et vaines, que le local est trop mesquin pour la favorite d'un grand roi, que les détails en sont trop recherchés, trop fastueux, trop immensément chers pour une particulière, et qu'on ne peut concevoir d'autre idée, à la vue d'un pareil contraste, que s'imaginer être dans une petite maison où tout se ressent et du mot et de la chose. Le roi n'a encore mangé que trois fois dans cet élégant pavillon, et la troisième fois les plaisirs furent si courts, que Sa Majesté était de retour à Versailles à onze heures et demie.

« On ne peut calculer ce qu'a coûté ce colifichet, où tout est fantaisie, et n'a d'autre prix que la cupidité de l'artiste et la folie du propriétaire. »

Un négrillon, qui portait la queue de la robe de la comtesse, fut nommé par Louis XV gouverneur du château et pavillon de Luciennes, avec appointements de 600 livres; et comme le chancelier hésitait à revêtir des formes accoutumées à cette singulière nomination, la favorite lui écrivit :

« Quoi, monsieur, le brevet de Zamore n'est pas encore scellé, depuis hier qu'il est dans vos bureaux! Cette jolie négligence est-elle un effet du zèle dont vous faites parade pour le service du roi? Je vous aurais cru plus empressé à saisir les occasions de faire votre cour à votre maître. Je compte que cette affaire sera terminée ce soir, sans quoi vous m'obligerez d'en porter mes plaintes au roi.

« Comtesse Dubarry. »

A la requête du grand aumônier, Louis XV mourant fit prier la duchesse d'Aiguillon d'emmener chez elle à Rueil la comtesse Dubarry. Bientôt elle y reçut du nouveau roi un ordre qui l'exilait au couvent du Pont-aux-Dames, près de Meaux.

— Le beau f.... règne, dit-elle, qui commence par une lettre de cachet!

Peu d'années après, il lui fut permis de rentrer dans son petit paradis terrestre de Luciennes, où, à défaut de considération, le bien-être et le luxe tempérèrent l'amertume de la disgrâce.

Madame Dubarry, retirée à Luciennes, y vécut tranquille, fuyant le monde et le bruit. L'auteur anonyme de la *Galerie des États Généraux* disait d'elle, en 1789 : « Depuis qu'Elmire a dû quitter le séjour des rois, elle a choisi une retraite paisible, où elle a vécu sans intrigues, sans projets, et sans cette inquiétude qui accompagne presque toujours les personnes qui ont joué un rôle quel qu'il soit.

« On ne l'a point vue dans la capitale étaler un faste insultant, et c'était peut-être très-sage de ne pas rappeler au public des moments d'erreur qui fournissent un prétexte à la malignité, ou une époque d'élévation qui ranime les serpents de l'envie. Vivant sans obscurité et sans dissipation, elle ouvre son ermitage enchanté à un petit nombre d'hommes qui croient que la chasteté est une convenance sociale, plutôt que la mère des vertus, et qu'on peut être fort tendre et fort aimable.

« Plusieurs femmes ont désiré d'être admises dans ce temple

dédié à la liberté; il y en aurait nécessairement de deux sortes. Les unes auraient apporté une vertu protectrice et pu réparer ainsi les torts du passé; les autres, des penchants faciles, croyant par là se trouver au ton de la maison. Elmire évita ces deux extrêmes en remerciant la pruderie et la galanterie. »

Quand la lutte éclata entre la révolution et l'ancien régime, madame Dubarry fit un voyage à Londres. A son retour, elle se plaignit d'un vol important de diamants et de bijoux, commis à son préjudice. La police ordonna d'infructueuses perquisitions, et le bruit courut que la comtesse était allée vendre ses pierreries en Angleterre, et qu'une partie du prix avait été remise aux émigrés.

Le comité de sûreté générale fit un jour investir Luciennes. La comtesse fut arrêtée, et traduite, le 14 frimaire an II (4 décembre 1793), devant le tribunal révolutionnaire, avec deux banquiers hollandais, accusés d'avoir favorisé les transactions avec les émigrés. Le réquisitoire lancé contre eux par Fouquier-Tinville est un étrange monument des déclamations emphatiques de ces temps d'effervescence fiévreuse et de terribles représailles :

« Expose l'accusateur public que, par délibération du comité de sûreté générale de la Convention nationale du 29 brumaire dernier (19 novembre 1793), il a été arrêté que Jeanne Vaubernier, femme Dubarry, Jean-Baptiste Vandenyver père et Edme J. B. Vandenyver fils seraient traduits au tribunal révolutionnaire; qu'en conséquence la nommée Vaubernier, femme Dubarry, a été constituée prisonnière dans la maison d'arrêt, dite Sainte-Pélagie, et que les nommés Vandenÿver père et fils, banquiers, l'ont été dans la maison d'arrêt, dite de la Force;

« Que les pièces concernant ces différents accusés ont été apportées à l'accusateur public, le 30e jour de brumaire (20 novembre 1793) et qu'ils ont été interrogés les 2, 4 et 7 frimaire suivant (22, 24 et 27 novembre), par l'un des juges du tribunal;

« Qu'examen fait desdites pièces, il en résulte que les plaies profondes et mortelles qui avaient mis la France à deux doigts de sa perte avaient été faites à son corps politique, bien des années avant la glorieuse et impérissable révolution qui doit nous faire réjouir des maux cuisants qui l'ont précédée, puisqu'elle nous a délivrés pour jamais des monstres barbares et fanatiques qui nous tenaient enchaînés sur l'héritage de nos pères;

« Que pour prendre une idée juste de l'immoralité de l'accusée Dubarry, il faut jeter un coup d'œil rapide sur les dernières années pendant le cours desquelles le tyran français, Louis quinzième du nom, a scandalisé l'univers en donnant la surintendance de ses honteuses débauches à cette célèbre courtisane; qu'en 1769, ce Sardanapale moderne, se trouvant blasé sur toutes les jouissances qu'il avait poussées à l'excès dans le Parc-aux-Cerfs, sérail infâme où le déshonneur d'une infinité de familles honnêtes fut consommé, s'abandonna lâchement aux vils complaisants qui l'entouraient pour réveiller ses feux presque éteints;

« Qu'un de ces odieux complaisants ayant fait connaissance d'un ci-devant comte Dubarry, noyé de dettes, et le plus crapuleux libertin qui fut jamais, eut occasion de voir chez lui la nommée Vaubernier, sa maîtresse, qui n'était passée dans ses bras qu'après avoir fait un cours de prostitution;

« Que le ci-devant comte Dubarry, à qui tous les moyens étaient bons pour parvenir à apaiser ses créanciers, proposa à ce complaisant de lui céder la Vaubernier, s'il parvenait à la faire admettre au nombre des sultanes du crime couronné; que cette créature déhontée lui fut en effet présentée, et qu'en peu de temps elle parvint par ses rares talents à prendre l'empire le plus absolu sur le faible et débile despote.

« Bientôt des fleuves d'or roulèrent à ses pieds, les pierreries les plus précieuses lui furent données avec profusion; les artistes les plus célèbres furent occupés aux chefs-d'œuvre les plus dispendieux; elle devint l'idole des ci-devant grands; les ministres, les généraux et les ci-devant princes de l'Église furent nommés ou culbutés par cette nouvelle Aspasie, et tous venaient bassement faire fumer leur encens à ses genoux. Le faste le plus insolent, les dépravations et les débordements de tout genre furent affichés par elle.

« Le scandale était à son comble; elle puisait à pleines mains dans les coffres de la nation pour enrichir sa famille et combler l'abîme des dettes du ci-devant comte Dubarry, qui avait poussé l'infamie et le déshonneur jusqu'à devenir son époux.

« Son imbécile amant ne rougit pas lui-même d'insulter au peuple en se plaçant à côté d'elle dans les chars les plus brillants, et la promenant ainsi dans les différents lieux. Pour ne pas effaroucher la pudeur, l'accusateur public ne soulèvera pas le voile qui doit couvrir à jamais les vices effroyables de la cour jusqu'en l'année 1774, époque à laquelle celui à qui des esclaves avaient donné le nom de Bien-aimé disparut de dessus la terre, emportant dans ses veines le poison infect de son libertinage et couvert du mépris des Français.

« La Dubarry fut reléguée à Meaux, dans la ci-devant abbaye du Pont-aux-Dames.

« Dans cette retraite salutaire, elle aurait dû faire les plus sérieuses réflexions sur le néant de sa grandeur et sur les désordres de sa conduite qui avait entraîné la ruine de son pays; mais, ayant été rendue à la liberté par le dernier tyran des Français, il lui conserva non-seulement les dépouilles du peuple, mais encore la combla de nouvelles prodigalités, et lui abandonna le château de Luciennes, où elle se forma bientôt une nouvelle cour à laquelle se présentèrent en foule les vils courtisans qui avaient profité de sa faveur pour dilapider les finances de l'État : elle les tint tous enchaînés à son char, jusqu'à l'époque mémorable où le peuple français, fatigué du poids de ses chaînes, se leva, les brisa et en frappa la tête du despote.

« D'après l'exposé ci-dessus, l'accusateur public a dressé le présent acte d'accusation contre Jeanne Vaubernier, femme Dubarry, Jean-Baptiste Vandenyver père, Edme J.-B. Vandenyver et Antoine-Augustin Vandenyver fils, pour avoir méchamment et à dessein, savoir :

« Jeanne Vaubernier, femme Dubarry, conspiré contre la République française et favorisé le succès des armes de ses ennemis sur son territoire, en leur procurant des sommes exorbitantes dans les différents voyages qu'elle a faits en Angleterre, où elle a émigré elle-même, et dont elle n'est de retour que depuis le mois de mars dernier; avoir entretenu des correspondances et des liaisons intimes avec les émigrés et autres ennemis de la liberté et de l'égalité; avoir porté à Londres le deuil du tyran et y avoir vécu familièrement avec le parti ministériel, et particulièrement avec Pitt, dont elle a rapporté et conservé très-précieusement l'effigie empreinte sur une médaille d'argent; avoir complété une collection d'ouvrages et d'estampes contre-révolutionnaires; avoir fait enterrer les lettres de noblesse d'un émigré, ainsi que les bustes de la ci-devant cour, et avoir enfin dilapidé les finances de l'État par des dépenses effrénées.

« Et les Vandenyver père et fils, pour avoir également, méchamment et à dessein, conspiré contre la République française et favorisé le progrès des armes de ses ennemis sur son territoire, en leur fournissant des sommes prodigieuses par le ministère de la Dubarry, lors des voyages de cette dernière en Angleterre. »

Les débats du procès furent plus longs que d'ordinaire; il était onze heures du soir quand le chef des jurés prononça l'arrêt de mort. Madame Dubarry, en l'entendant, poussa des cris lamentables et demanda grâce, les mains jointes et les larmes aux yeux. C'est la seule femme de la Révolution qui n'ait point montré de courage en face de la mort. Elle fut exécutée le 16 frimaire an II (6 décembre 1793), en présence d'une population innombrable, dont les femmes formaient la majorité; elles voulaient voir celle dont les charmes avaient si longtemps captivé un roi. La condamnée, vêtue de blanc, était sur le devant de la charrette, qui se rendait sur la place de la Révolution. En sortant de la Conciergerie, elle implora la commisération des assistants.

« Mes amis, disait-elle, demandez grâce pour moi; j'ai toujours été votre amie; je n'ai jamais voulu faire de mal à personne. »

En voyant que ses prières étaient vaines, madame Dubarry tomba dans un profond abattement, ses traits étaient décomposés, ses yeux baignés de larmes; de sa poitrine oppressée s'échappaient des sanglots; sa figure était livide et son corps se soutenait à peine. La femme qui, des bas-fonds de la société, s'était élevée jusqu'au trône, et avait pu, dans une époque de décadence et de dissolution, prendre part au gouvernement, ne pouvait se persuader qu'une réaction terrible était venue, et qu'il fallait expier sur l'échafaud le scandale qu'elle avait jadis donné à la France.

A la vue de la guillotine, elle poussa des cris lamentables. Quand on voulut la faire descendre de la voiture, que l'on qualifie habituellement de fatale, mais qui était alors son seul refuge, l'ancienne favorite de Louis XV s'écria : « Monsieur le bourreau, ne me faites pas de mal ! » On parvint enfin à l'entraîner, et elle avait perdu connaissance lorsque sa tête tomba.

La vie et la mort de la maîtresse de Louis XV ont inspiré à Privat d'Anglemont ce sonnet :

Vous étiez du bon temps des robes à paniers,
Des manchons, des bichons, des abbés, des rocailles,
Des gens spirituels, polis et cavaliers,
Des filles, des soupers, des marquis, des ripailles.

Moutons poudrés à blanc, poëtes familiers,
Vieux Sèvres et biscuits, charmantes antiquailles,
Amours dodus, pompons de rubans printaniers,
Meubles de bois de rose et caprices d'écailles :

Le peuple a tout broyé dans sa rude fureur.
Vous seule avez pleuré, vous seule avez eu peur,
Vous seule avez trahi votre fraîche noblesse.

Les autres souriaient sur les noirs tombereaux,
Et tués sans colère, ils mouraient sans faiblesse;
Mais vous seule étiez femme, en ce temps de héros.

Le pavillon Dubarry appartient, en 1860, à M. Dérickx; le château de la princesse de Conti au comte Hocquart. M. Bowe et le maréchal Magnan possèdent deux autres belles résidences; mais quelle résidence n'est pas belle dans ce charmant pays! Les jardins qui avoisinent la moindre chaumière, et dont l'arrosement est facilité par l'abondance des sources, y sont inépuisables en fleurs et en fruits.

E. de Labédollière.

(*Histoire des environs de Paris*, Barba.)

QUELQUES MOTS

FAITS ET GESTES DE L'ANNÉE

On peut se rappeler qu'au commencement de 1861, un jeune homme fut assassiné par sa maîtresse, rue Rochechouart. Le procès en cour d'assises a donné lieu à d'assez plaisantes choses. « Vous avez eu des amants *qui vous entretenaient?* » dit M. le président Monsarrat à Catherine Bernette, la meurtrière. La malheureuse ne pensa pas à faire observer qu'il était plus immoral de se faire entretenir par d'autres personnes que son amant, elle répondit :

« J'ai eu des amants parce que je les aimais. »

Le président insista :

« Oui, MAIS ILS VOUS PAYAIENT ! »

Plus loin, il ajouta :

« Un seul s'est montré *généreux*, et c'était un POLONAIS ! ! ! »

* * *

Appelée à déposer en qualité de témoin, Eugénie Ferry, concierge, dit que Catherine était très-aimée et même très-estimée.

« Très-estimée! reprit le président Monsarrat.

LE CONCIERGE.

« Oui.

LE PRÉSIDENT.

« Allez vous asseoir ! »

Cette expression de Palais ne commence-t-elle pas à devenir

comique? ne rappelle-t-elle pas un peu trop les plaisanteries toutes faites du boulevard du Temple?

*
* *

Dans cette même affaire, M. l'avocat général Oscar de Vallée fit l'oraison funèbre de la victime, mais n'alla-t-il pas trop loin en stigmatisant, comme dans la phrase suivante, les autres amants de Catherine Bernette :

« Tous ceux qu'elle avait eus jusque-là ne valaient pas celui-là ! »

« IL APPORTE DES BONBONS POUR ALPHONSINE!!! » ajouta-t-il. (Alphonsine, l'amie de Catherine).

*
* *

M. Oscar de Vallée, dans la peinture du meurtre, égala d'un coup les plus fameux foudres d'éloquence. L'infortuné jeune homme fut assassiné par Catherine « *d'une main masculine*, dit-il, d'une main puissante. Elle frappa avec un poignard homicide, d'une main homicide, elle porte un coup homicide aussi, *puisque la mort a été presque instantanée!!!* »

*
* *

Le peintre Gautier, dont nous avons esquissé l'atelier dans la première année de l'ALMANACH PARISIEN, a eu depuis ce temps de douloureuses pertes à supporter. Il nous prie d'en faire part à nos lecteurs. — La tortue est morte d'une maladie de langueur, le perroquet n'a pu lui survivre; la chatte s'est jetée par la fenêtre. On ignore la cause de ce suicide. Arthur, le joli singe Arthur, est au Jardin des Plantes, donné par son maître, qui, désespéré de tant de deuils successifs, a renoncé aux animaux et les a remplacés par des timbres et des pendules. Le plus fort chagrin qu'il ait éprouvé a été causé par la mort de son alouette. Par exemple, cette peine a été si vive que Fernand Desnoyers a voulu l'exprimer en ces vers :

L'ALOUETTE DU PEINTRE GAUTIER

Qu'a donc le peintre Gautier?
Revient-il de l'autre monde?
Ne sait-il plus son métier?
Est-ce que Courbet le gronde?
Ses lèvres n'ont plus d'accueil
Même pour le doux sourire.
Une larme dans son œil
Ne cesse jamais de luire.

Son ami, le singe Arthur,
Ne fait plus de cabrioles.
Le perroquet, d'un air dur,
Roule d'amères paroles.
Pourquoi donc tout l'atelier
S'attriste-t-il de la sorte
Avec le peintre Gautier?
C'est que l'alouette est morte!!!

Il aimait tant cet oiseau
Auquel, sur la serinette,
Il apprenait un morceau
Ou l'air d'une chansonnette!
Un rayon parti des champs
Venait-il dorer sa cage,
L'alouette dans ses chants
Semblait rêver paysage...

Elle était heureuse, alors
Le plumage de sa tête
Tout d'un coup formant un corps
Se dressait comme une aigrette!
Elle semblait un instant,
Par ses ailes soutenue,
Planer sur le blé flottant
Et s'élever dans la nue.

Elle mangeait du millet
Dans la main de son bon maître,
Et jamais ne s'envolait
Quand il ouvrait la fenêtre.
Avec tous les animaux
Elle était si bien unie,
Que pas un jour de gros mots
N'ont troublé leur harmonie.

On n'aurait pas pu l'avoir
Ni pour cent francs, ni pour mille,
Me disait Gautier un soir.
Sa douleur n'est pas puérile.
Il faudrait être bien dur
Pour railler d'une alouette.
Les cœurs simples comme Arthur
Comprendront qu'on la regrette.

Un jour Gautier s'en allant
Porta la pauvre petite
Chez un ami bienveillant.
Il devait revenir vite.
L'alouette était encor
Plus aimante que son maître,
Son départ causa sa mort.
Elle se tua peut-être!...

Gautier comprit tous ses torts
Et demeura morne en face
De ce pauvre petit corps
Déjà froid comme la glace.
Gâchet, un bon médecin,
Fut chargé de l'autopsie.
« L'oiseau, dit-il, était sain;
Il est mort d'apoplexie. »

Les restes du cher oiseau
Furent déposés en terre
Sous un cerisier fort beau,
Dans un jardin solitaire.
Trois dames ont accompli
Cette mission secrète.
Au pied du bel arbre on lit :
Ici gît une alouette.

∴

Les bals de l'Opéra ont été très-brillants: En voici une grande description également brillante que nous extrayons d'un feuilleton de M. de Rovray :

« On ne se douterait pas à quel point le goût des bals masqués de l'Opéra, qui avait paru s'affaiblir et tomber presque en désuétude, s'est relevé et répandu dans ces derniers temps. Il y a quelques années, on s'en souvient, ils étaient administrés par une association de fournisseurs. Le tapissier, le chef d'orchestre, l'entrepreneur de l'éclairage, et, je crois, l'entrepreneur aussi des rafraîchissements, avaient affermé ces bals. Ils payaient une assez modique redevance à la direction, 24,000 fr. par an, si je ne me trompe. L'un fournissait les bougies, l'autre la musique, celui-ci les banquettes, celui-là les sucres d'orge, les glaces et les sirops. Je n'ai pas entendu dire qu'ils y aient perdu, mais je ne pense pas, non plus, qu'ils se soient partagé de gros bénéfices.

« Il est permis de croire que le manque d'une impulsion centrale et unique multipliait les abus et diminuait les profits. Voici, en effet, ce qui se passait. Le prix de 10 fr. par billet de cavalier, fixé par le tarif, n'était que nominal, personne n'ayant assez de naïveté pour louer au bureau des billets qu'on vendait partout, dans les rues adjacentes, chez les gantiers, chez les costumiers, chez les coiffeurs, pour 6 fr., 5 fr. et jusqu'à 4 fr. 50 c., où ils étaient tombés à certains jours. Les dames entraient pour rien, et Dieu sait quelles *dames!* Elles s'affublaient d'un vieux burnous et d'une jupe déteinte, et les voilà déguisées! C'était l'âge d'or des ravaudeuses, des balayeuses, des laveuses de vaisselle, et autres princesses de la hotte et du crochet. Il n'en coûtait rien pour passer chaudement la nuit sur une bonne banquette de velours, dans un beau foyer resplendissant de lumières, avec la perspective de soutirer vingt sous à quelque prince valaque, sous prétexte agréable de reprendre au vestiaire un châle ou un manteau que l'on n'y avait pas mis. Dans les loges, entrait qui voulait, c'est-à-dire que les plus turbulents et les plus mal embouchés en chassaient les spectateurs honnêtes et paisibles. A la porte, une complaisance extrême accueillait des gens crottés, râpés, vêtus de redingotes marron, de pantalons gris, de cravates rouges. Une guenon coiffée d'un turban clignait de l'œil au contrôleur et passait. Les trois sorcières de Macbeth, à cheval sur leurs balais, eussent fait dans ce temps-là une entrée triomphale.

« Aujourd'hui, le tarif est une vérité; les billets de cavalier coûtent 10 francs, les billets de dames 2 fr. 50; les haillons sont rigoureusement consignés. Des abonnements pour toute la durée des bals font réaliser une économie au public, et donnent à l'administration une clientèle assurée. Les loges sont louées d'avance par des étrangers très-friands de ce spectacle; les ambassades, les légations, les clubs, se disputent le premier rang, où la jeunesse la plus brillante et quelquefois la plus maussade est en permanence jusqu'à trois ou quatre heures du matin. Aux secondes et aux troisièmes (car tout est enlevé, jusqu'aux combles), des Anglais, des Russes, des Mexicains, des Péruviens, des Italiens, des Australiens, des Égyptiens, des Arabes, des Syriens, des représentants de toutes les nations du globe ouvrent de grands yeux et regardent, bouche béante, ce tohu-bohu, ce capharnaüm, ce tourbillon, cet ouragan, cette trombe de soubresauts fantastiques, de rondes enfiévrées, de ricanements grotesques, de poses impossibles, de dislocations fabuleuses. Des gloussements aigus, des cris gutturaux, des notes qui n'existent point dans la gamme humaine, s'appellent et se répondent d'un bout de la salle à l'autre et du parterre au plafond. Sur les escaliers qui descendent des premiers couloirs à la salle, une cohue bariolée de Folies, de pierrettes, de bébés, de marquises, de titis, de bergères, les bras tendus, la voix stridente, se rue, se heurte, se précipite, écume et bouillonne, ou, arrêtée brusquement sur les derniers degrés, reflue et remonte comme un fleuve engorgé et refoulé vers sa source. C'est une furie, une presse, un vacarme à étourdir les plus intrépides, à effrayer les plus aguerris.

« Parfois, la foule s'ouvre avec des respects moqueurs et des applaudissements ironiques pour laisser passer un cortége de masques, qui entre d'un pas solennel. Des associations de jeunes peintres, graveurs, ciseleurs, d'artisans, de commis, souvent de fils de famille, qui s'amusent à renouer les traditions des gaies confréries de la Renaissance, ont entrepris de réaliser, dans leurs bizarres accoutrements, les plus étranges fantaisies de Callot. Ce sont de monstrueux polichinelles aux bosses énormes, des guerriers cuirassés d'une carapace de tortue. bottés de tuyaux de cheminée, gantés de griffes de chats-tigres, et coiffés de casques extravagants, dont le plumet, plus haut qu'un clocher, caresse et chatouille le menton aux spectateurs des avant-scène; des Espagnols à tunique orange, à fraise tuyautée, à écharpe de velours nacarat; des Anglaises spleenétiques au cou d'autruche, aux cheveux de filasse, au nez cramoisi; c'est un joli fiancé de village aux jambes grêles et aux bras menus comme des élytres de scarabée, le front cerclé, en guise de bourrelet, d'un immense gâteau de Savoie. Ces types grimaçants, baroques, inouïs, tels qu'on en rêve parfois dans les cauchemars, ou que des rapins facétieux en charbonnent sur les murs, font vis-à-vis aux plus célèbres sauteuses, qui sont là à leur place, et dansent des quadrilles indescriptibles.

« Le devant des loges se garnit: toutes les lorgnettes sont braquées sur les danseurs; on se range, on s'écarte; les uns montent sur des chaises, les autres sur les pieds des voisins. L'huissier lui-même, préposé aux mœurs, sourit d'un air complaisant. L'archet de Strauss a fait un signe imperceptible à ses deux cents musiciens; les violons partent d'un seul trait, les cuivres tonnent; les flûtes, les hautbois, les violoncelles et les contre-basses, les timbales et la grosse caisse font rage; les cavaliers s'agitent, se trémoussent, se déhanchent, s'écartèlent, les danseuses tournent, bondissent, pirouettent, s'enlèvent; se replient, se redressent, jettent par-ci leurs bras, par-là leurs jambes, comme si elles étaient en morceaux. Il faut que ces hommes et ces femmes soient de fer : pendant cinq heures de suite ils n'arrêtent pas une seconde. S'ils cessent de danser, ils crient; s'ils ne se balancent pas, ils courent; s'ils ne courent pas, ils grimpent, ils escaladent le balcon, les galeries, les colonnes et les frises. Heureusement, le lendemain, c'est un jour de repos. Le lundi il n'y paraît plus, et vous seriez fort étonné de voir la plupart de ces démons mâles et femelles reprendre leur travail comme si de rien n'était, et faire très-bonne contenance dans les magasins, dans les bureaux, dans les ateliers. Cependant le commerce a profité de ces folles équipées; il s'est vendu beaucoup de gants, beaucoup de fleurs, de rubans, de soieries, de souliers et de masques. Les restaurants n'ont pas fermé de la nuit; et l'argent qui eût dormi peut-être dans la poche de beaucoup de riches étrangers est entré dans la circulation parisienne.

∴

M. Édouard Brisebarre, un des rares, très-rares auteurs dramatiques qui inventent, trouvent ou mettent quelque chose dans leurs pièces, est en même temps un astronome, un *météorologue* plutôt, distingué. Dès le commencement de janvier il prédit le temps qu'il fera pendant toute l'année. Nous avons pu plusieurs fois constater la justesse de ses prédictions et de ses observations. Il doit prochainement publier un almanach où l'on pourra vérifier son exactitude. Il est tellement sûr quant à lui, de lui-même, qu'il ne se risque jamais à donner un vaudeville ou un drame à un théâtre que quand le temps doit être vilain, c'est-à-dire superbe, théâtralement parlant.

∴

Plus de théâtres au boulevard du Temple! On pourrait presque dire plus de boulevard du Temple! On a tout démoli; c'est à ne plus reconnaître Paris. Certes, au point de vue de l'habitude et à un certain point de vue pittoresque, c'est désagréable! On était si bien dans ces théâtres où l'on était si mal!

Plus de mauvaises banquettes rembourrées de noyaux de pêche! Plus de décors brossés par le directeur ou par le peintre en bâtiments. Plus de mauvaise odeur d'huile à quinquet, etc., etc. Les théâtres de la place du Châtelet et de la rue Saint-Martin sont superbes et éclairés magiquement par un soleil juché dans le plafond qui remplace avantageusement le lustre traditionnel.

∴

Nous venons de parler de la disparition du boulevard du Temple et des nouveaux théâtres. Charles Monselet a fait quelques remarques judicieuses que voici à ce propos :

« Demandez-moi, si vous voulez, les théâtres d'hier, ou plutôt ceux de demain ; mais ne me demandez pas les théâtres d'aujourd'hui.

« Les théâtres d'aujourd'hui ont leur mobilier chargé sur des crochets ; et le commissionnaire se retourne de temps en temps vers le directeur en disant : — Mon bourgeois, où nous arrêtons-nous ?

« On ne rencontre plus que des gens ayant en poche un privilége de théâtre et errant à travers les quartiers neufs, un architecte à leur droite, un capitaliste à leur gauche, — côté du cœur. Il en sera bientôt des théâtres comme des débits de tabac : il y en aura à tous les coins de rue.

« Au fond, je trouve cela fort naturel. Bâtissez des théâtres, bâtissez-en sur toutes les places, dans tous les squares ; mettez-en dans les Champs-Élysées, dans la Cité, au boulevard Malesherbes, rue Saint-Martin, dans le quartier Bréda, partout enfin. Je partage en cela l'opinion de M. Édouard Thierry :
« Je voudrais que le bon théâtre mêlât pour la classe ouvrière
« son effet heureux et salutaire à celui de cette grande ville
« métamorphosée, de ces rues pleines d'air et de soleil, de ces
« jardins, de ces perspectives, de ces clartés, de ces beautés,
« de ces élégances qui lui deviennent familières, et l'élèvent
« de tous les côtés à la fois. »

« Le *bon théâtre*, tout est là, en effet. Qu'on me permette d'ajouter : — Et le théâtre commode, spacieux, dignement approprié et décoré.

« Je ne sais pas ce que seront les nouveaux théâtres, mais je leur souhaite d'être en tout dissemblables aux théâtres anciens, sous le rapport architectural.

« Que voyons-nous, en effet, dans les théâtres qui nous restent à l'heure qu'il est?

« Un hangar, — comme l'Opéra.

« Un café, — comme le Vaudeville.

« Un magasin, — comme le Gymnase.

« Un tombeau, — comme la Porte-Saint-Martin.

« Un corps-de-garde, — comme l'Ambigu.

« Un vestiaire, — comme le Palais-Royal.

« Un corridor, — comme les Bouffes-Parisiens.

« Évidemment, cela est insuffisant au point de vue artistique, et ensuite cela est indigne de la grande ville qui tient le sceptre du plaisir.

« Je ne demande pas les merveilles du théâtre de Scaurus; je n'exige pas qu'on fouille dans les cartons d'Andréa Palladio : mais enfin on peut désirer pour Paris, pour le Paris du dix-neuvième siècle, on peut désirer un théâtre — qui ressemble à un théâtre, pas davantage. Si je vais trop loin dans mes prétentions, arrêtez-moi, je vous prie.

« Une chose me frappe surtout dans les — bâtiments — que je viens d'indiquer; il semble que la principale préoccupation des architectes ait été de construire des théâtres où l'on ne pût entrer qu'avec peine, et d'où l'on ne pût pas sortir du tout.

« Cela est inexplicable, mais cela est.

« Je demande donc principalement des portes pour les théâtres à venir. Audace effrayante! témérité rare! Ce premier point obtenu, je dirai plus tard ce que je désire encore.

« Situés tous deux sur la place du Châtelet, le nouveau théâtre du Cirque et le nouveau Théâtre-Lyrique, qui se regardent comme deux théâtres de faïence, accusent un incontestable progrès, quoiqu'ils ne réalisent pas l'idéal du genre. On les a justement comparés à des malles gigantesques. L'inauguration du premier a eu lieu ces jours derniers par *Rothomago*, l'éblouissante féerie, entièrement remise à neuf. Il n'y a rien de changé au personnel des artistes du boulevard du Temple. Maintenant, le public sera-t-il le même? Les titis délaissés suivront-ils la fortune de Lebel et Williams, leurs idoles d'hier? Ou bien la population du Châtelet et des bords de la Seine se chargera-t-elle exclusivement de fournir des spectateurs? Voilà des problèmes que je ne me charge pas de résoudre, et dont M. Hostein doit être encore plus préoccupé que moi. »

∴

Nous sommes allé voir la belle galerie de tableaux de M. Stevens. Le peintre Alfred Stevens a commencé par nous faire admirer d'admirables peintures de Rubens, un Rembrandt, un Téniers, un Steen, peintre des plus peintres, illustre en Hollande et inconnu, ou presque, en France. Puis, quand il nous a eu suffisamment entendu pousser des cris d'enthousiasme, il a levé un rideau de soie qui recouvrait un cadre, et nous a fait apparaître un chef-d'œuvre de Michel-Ange! Vénus, les yeux voilés de langueur, la chair pâle, mate, écoute, sans avoir la force de les suivre ni celle de ne pas les suivre, les conseils de volupté que lui donne Cupidon : une allégorie figure, d'une façon qui rappelle fantastiquement le moyen âge, les résultats de l'abandon à l'amour. Rien de plus plein de rêves et de pensées que cet étonnant tableau; on ne peut pas admirer : admirer est trop peu. Nous avons vainement insisté, après cette splendide exhibition, pour visiter l'atelier d'Alfred Stevens; il nous a simplement répondu que, quand nous voudrions venir le voir, il ne faudrait pas commencer par rendre visite à Michel Ange, à Rembrandt et à Rubens.

∴

Puisque nous en sommes à la peinture, annonçons pour la prochaine exposition des portraits et des peintures que pourra lièrement montrer l'école française, signés de Bonnegrâce, le peintre qui a fait le portrait de Théophile Gautier, d'A. Gautier, de Courbet, de Ternante, Bonvin, etc.

*
* *

Nous avons renoncé à l'article promis sur le *Bras noir*, pantomime célèbre de Fernand Desnoyers, dont la reprise est remise au soir où nous aurons un théâtre de pantomime, un vrai Théâtre des Funambules, qui serait certes bien préférable à tous les théâtres de vaudevilles et de drames que nous voyons. — Pas une œuvre dramatique, pas même un éclair, une promesse, une tentative; rien, rien, excepté quelques spirituelles charges de Labiche ou quelques scènes comiques de Brisebarre!

*
* *

Quand donc les directeurs de théâtre, nous ne parlons pas de tous, mais seulement de trois ou quatre qui sont vraiment intelligents, consentiront-ils à *essayer?* Il est évident qu'il y a des manuscrits dans des cartons; pourquoi MM. H. Cogniard, Hostein, Plunkett et Dormeuil s'obstinent-ils à ne pas tenter, eux qui sont plus hardis et moins coutumiers que leurs confrères?

*
* *

Un établissement célèbre, c'est la maison Ragache, à Vaugirard. Toutes les célébrités de Paris et de Vaugirard (et autres lieux circonvoisins) ont dîné, dansé, soupé, ou pour le moins se sont mariées chez Ragache. L'*Almanach Parisien* indique cette maison, dans laquelle il a l'intention de fonder un banquet annuel, qui sera d'abord offert aux auteurs, éditeur, imprimeur, dessinateurs et graveurs, et plus tard aux lecteurs!

∴

Au Bal Mabille et au Chateau des Fleurs, nous avons été enchanté tous les soirs d'été. Les fleurs, les verdures semblent avoir fait des progrès depuis quelques années. Mieux vaut admettre cette supposition que de n'attribuer qu'*aux torrents de lumière*, à l'arrangement et aux dispositions de l'art, leur éclat et leur beauté extraordinaires. Quant à l'orchestre, par exemple, c'est l'art, l'art de Métra seul qui l'a rendu si excellent, supérieur à tous ceux précédents des bals passés et présents.

∴

Nous avions bien des choses à dire; nous voulions citer une *Histoire de la coiffure en France*, par l'illustre Bouchard; nous voulions parler des *Misérables*, de Victor Hugo : leur apparition a été le plus grand événement de l'année; nous voulions recommander le photographe Piallat, rue Chaptal, n° 9, et raconter les merveilleux résultats de l'hydrothérapie produits par le docteur Émile Duval en son établissement, à Chaillot; mais le temps et la place nous manquent, et nous ne pouvons que tout juste, pour terminer dignement, offrir les Pensées de l'aimable et spirituel Guichardet, pensées qui nous sont communiquées par son meilleur ami, le non moins aimable et non moins spirituel Lherminier.

Pour tous les articles non signés :

Fernand Desnoyers.

PENSÉES DE GUICHARDET

Je ne me suis pas marié, dans la crainte de payer mon impôt à la stupidité humaine.

*
* *

La mort est, comme vous savez, une chose assez inévitable jusqu'à ce jour; le sommeil étant un peu, dit-on, l'image de la mort, je prends beaucoup de sommeil, comme surnumérariat conduisant facilement à la tombe.

*
* *

Le Christ était un charmant philosophe que ses disciples ont complétement défiguré.

*
* *

Le travail et la pensée de l'homme font peut-être le malheur des dieux.

*
* *

L'étude approfondie des choses finit par conduire à les contester et même à les nier.

*
* *

L'homme qui se plait à l'ambition de dominer l'imbécillité humaine est bien inférieur à ces rêveurs intelligents, frondeurs inoffensifs, qui se tiennent à l'écart de toute position officielle, et qui, à chaque pas, reconnaissent le vide et l'inutilité des choses humaines.

⁂

Le roi J... disait à un de ses amis qui se tenait volontairement éloigné des grands emplois et de la cour : « Votre misère est tellement superbe que vous m'éblouissez; à côté de tous mes trésors et du luxe de mes courtisans, vous êtes un soleil!

⁂

Laissez-moi rêver seul; je suis aujourd'hui dans mes humeurs noires et il me serait impossible de m'occuper des vulgarités humaines, que je supporte trop souvent. Je vous sais assez sympathique à mon endroit et je suis certain que vous me pardonnez cette boutade. Laissons changer le cours de mes idées; j'irai vous rejoindre après cet accès de misanthropie. Je n'aime à voir mes amis qu'au milieu d'un nuage de pensées riantes.

⁂

Le préjugé, dans un jour de haute gaieté, s'est amusé à faire dépendre l'honneur des femmes de l'animation illégale, de jouets charmants, d'une grande fragilité!

⁂

Toutes les fois que vous passez devant un cabaret, si vous savez quel imprévu et quelle distinction se trouvent parfois dans les buveurs, c'est un devoir pour vous d'entrer. — Un devoir? — Mais oui! et un plaisir.

⁂

Je viens de voir un phénomène; c'était en sortant d'un cabaret de premier ordre, où le hasard m'a conduit. Un chien, plus fort que tous les Munitos connus, vous observe à la porte; il aboie ou vous mord les mollets si vous n'avez pas fait une dépense capable de satisfaire le chef de l'endroit. Si, par contre, vous avez agi en vrai prodigue, le même animal fait le beau et vous accable de caresses.

∴

Ce bon chien m'a rappelé certains huissiers, garçons de bureaux et même employés des ministères.

∴

Quand une gracieuse et intelligente bouteille paraît devant moi, le bouchon saute de joie, tant il y a entre nous de sympathie.

GUICHARDET.

TABLE DES MATIÈRES

PARIS. — IMP. SIMON RAÇON ET COMP., RUE D'ERFURTH, 1.

EXTRAIT DU CATALOGUE DE LA LIBRAIRIE E. PICK

5, Rue du Pont-de-Lodi

3e ANNÉE. — 1862

ALMANACH PARISIEN

PAR FERNAND DESNOYERS

AVEC

E. DE BIÉVILLE, E. DE LA BÉDOLLIÈRE, PH. AUDEBRAND, POTHEY
H. GASTINEAU, CH. COLIGNY, CH. MONSELET, CHAMPFLEURY
TH. DE BANVILLE, DURANTY, CASTAGNARY, AURÉLIEN SCHOLL, F. MAILLARD, CAMPORINI
AR. LEBAILLY ET J. PELPEL

Vignettes par Mariani, Pothey, Régnier, Staal, Deghouy, etc.

Un très-joli volume. — Prix : 75 c. (franco par la poste).

(La première année est complétement *épuisée.* Il ne reste plus que quelques exemplaires de la deuxième année, dont le prix est de **3 francs.**)

A LA DEMANDE GÉNÉRALE!

ALMANACH DES GOURMANDS

PAR CH. MONSELET

2e ÉDITION

—

PRIX

50 cent.

2e ÉDITION

—

PRIX

50 cent.

Un très-joli volume illustré de vignettes par Mariani, Régnier, etc.

PARIS. — IMP. SIMON RAÇON ET COMP., RUE D'ERFURTH, 1.

PARIS. — IMP. SIMON RAÇON ET COMP., RUE D'ERFURTH, 1.

IMPRESSIONS PATRIOTIQUES ET RELIGIEUSES D'UNE FRANÇAISE

VOYAGE DE PARIS A JÉRUSALEM

PAR Mlle CORNÉLIE DELORT

DEUXIÈME ÉDITION

Revue, corrigée, augmentée et honorée de la souscription de S. M. l'Empereur pour les Bibliothèques de la Couronne

Un très-joli volume in-13. — Prix : 2 fr.

LES VIERGES D'ARABIE

ÉTUDE DE MŒURS MUSULMANES

PAR Mme OLIVIA DE ROCOURT

AVEC PORTRAIT DE L'AUTEUR DESSINÉ PAR STAAL

Un très-joli vol. in-18. — Prix : 2 fr. 50

L'AMOUR

PAR Mme ADÈLE ESQUIROS

RÉPONSE D'UNE FEMME A M. MICHELET

Un volume in-18. — Prix : 1 fr.

LE MARIAGE AU XIXE SIÈCLE

CE QU'IL EST — CE QU'IL DOIT ÊTRE

PAR ÉVARISTE THÉVENIN

SOMMAIRE

Introduction. — Le Pour et le Contre. — Des différentes espèces de mariages. — Des mariages de raison. — Des mariages d'inclination. — Variétés de mariages. — De la dot. — De l'éducation. — Du mariage au point de vue religieux. — Du rôle respectif des époux. — De l'opinion et de l'influence de la littérature sur le mariage. — Conclusion. — Post-Face, etc.

Un volume in-18 de près de 200 pages. — Prix : 1 fr.

Paris est la ville [illegible]
excellents restaurateurs et [illegible]
pliquons-nous cette année les annonces des [illegible]
aux adresses suivantes :

REGNART

FILS DU DOCTEUR [illegible]

MÉDECIN-CHIRURGIEN-DENTISTE DE L'ÉCOLE NORMALE SUPÉRIEURE

ET DU COLLÈGE [illegible]

Rue Dauphine, 25, Maison du [illegible]

A PARIS

Visible tous les jours [illegible] heures

CÉLÉBRITÉ DU FILS ÉGALE A CELLE DU PÈRE

Dans ses salons européens, l'Amérique et l'Asie disputent la place à la France

---

VUILLET, RESTAURATEUR

Rue Dauphine, 31

DÎNERS INCOMPARABLES A 2 FR. 50 CENT.

Mets variés de toutes sortes

Consommations choisies de toutes [illegible]

Ceux que nous citons ne cherchent pas dans la quatrième page des grands journaux leur gloire et leur fortune. C'est le bien seul que nous voulons à nos lecteurs qui nous décide à leur faire ces recommandations aussi spontanées que désintéressées.

[illegible] PARIS ET CORB., RUE DAUPHINE [illegible]

www.ingramcontent.com/pod-product-compliance
Lightning Source LLC
LaVergne TN
LVHW012016220826
846092LV00001B/371

* 9 7 8 2 3 2 9 7 0 4 4 9 4 *